守护绿色家园

中小学生态文明教育

彭红蕊 朱 红 杨 凯◎主编

燕山大学出版社

·秦皇岛·

图书在版编目（CIP）数据

守护绿色家园：中小学生态文明教育 / 彭红蕊，朱红，杨凯主编．—秦皇岛：燕山大学出版社，2023.3
ISBN 978-7-5761-0407-3

Ⅰ．①守… Ⅱ．①彭… ②朱… ③杨… Ⅲ．①生态环境－环境教育－中小学－教学参考资料
Ⅳ.①G634.983

中国版本图书馆 CIP 数据核字（2022）第 214677 号

守护绿色家园
——中小学生态文明教育

彭红蕊 朱 红 杨 凯 主编

出 版 人：陈 玉

责任编辑：王 宁　　　　　　　　　　策划编辑：王 宁

责任印制：吴 波　　　　　　　　　　封面设计：刘韦希

出版发行：燕山大学出版社 YANSHAN UNIVERSITY PRESS　　电　话：0335-8387555

地　址：河北省秦皇岛市河北大街西段 438 号　　邮政编码：066004

印　刷：中国标准出版社秦皇岛印刷厂　　经　销：全国新华书店

开　本：210mm×285mm　1/16　　　　印　张：8

版　次：2023 年 3 月第 1 版　　　　　　印　次：2023 年 3 月第 1 次印刷

书　号：ISBN 978-7-5761-0407-3　　　　字　数：100 千字

定　价：46.00 元

编 委 会

编者的话

　　河北省秦皇岛市具有得天独厚的自然资源，北依燕山山脉，南临渤海湾，山林湖泊资源丰富；植被茂盛，森林覆盖率高，是名副其实的"天然氧吧"。闻名遐迩的北戴河湿地是我国著名的观鸟胜地；石河、汤河、洋河等河流蜿蜒流淌，滋养着这片土地……

　　然而，随着城市建设的加快，大气污染、水污染等问题也日益突出。放眼全球，生态环境的前景不容乐观。北极冰川正在融化，海平面上升，北极熊的栖息地越来越小；每年都有一些稀有物种面临灭绝的危险，鸭嘴兽、中华白海豚、穿山甲、藏羚羊、丹顶鹤濒临灭绝。2022 年 7 月 21 日，世界自然保护联盟更新濒危物种名录，在长江游弋了 1.5 亿年的"中国淡水鱼之王"白鲟，最终被正式宣布灭绝。

　　生态环境恶化已经为全人类敲响了警钟。保护环境，刻不容缓。

　　怎样让生态文明意识在小学生心底扎根并化为实际行动？秦皇岛市海港区文化里小学、东港镇第一小学、逸城学校作为省、市级绿色学校，以此为出发点，联合编撰出版了这本适用于中小学生的生态文明读物。本书按照水资源、大气资源、森林资源、鸟类资源四个部分，阐述了生态环境保护的意义、作用，生态破坏的现状以及应采取的生态保护行动。编者结合各校校本课程的开展情况，认真搜集、筛选、整理资料，编写了这本读物。编写过程中引用了大量资料，力求通过图文并茂的形式，以少年儿童读得懂的语言，"看见"人类对大自然的破坏行为，"听见"地球妈妈的呼喊，"读懂"保护生态环境的重要性（书中部分图片引用自网络）。

习近平总书记指出："要把生态环境保护放在更加突出的位置，像保护眼睛一样保护生态环境，像对待生命一样对待生态环境。"生态文明建设关乎人类未来，生态文明建设应当成为全社会的共识。

希望这本生态文明读物能够为各校师生提供范本，方便学校更好地开展生态文明实践活动。让这本读物在学生心中播下一颗种子，人人成为"生态文明小卫士"。

本书的编纂出版得到了秦皇岛市教育局、海港区教育和体育局、秦皇岛市观爱鸟协会、秦皇岛市鸟类收容救助站等单位领导的支持和帮助。感谢各位编委齐心协力、辛勤工作，唐丽维、程婉竹、王建春、张铭惠老师负责第一章的编写，张哲、张立、佟芳、吴鑫云老师负责第二章的编写，倪俐俐、崔英杰、王娜、王倩老师负责第三章的编写，杨艳军、王霏霏、刘德伟、燕滨老师负责第四章的编写，刘岩、刘蕊、崔丽媛、李静老师负责图片搜集和资料整理；还要感谢燕山大学出版社各位老师的精心指导，感谢各位同事的关心和支持，使得本书得以顺利完成编写并出版。

目　录

保护生命之源

还天空一片蔚蓝

呵护生命之绿

守护自然使者

保护生命之源

　　生命起源于水，人类的生存和发展都离不开水，保护水资源是我们共同的责任。

第一章 生命之源奥秘多

嗨，同学们，你们好！我是你们的好朋友——水精灵，欢迎你们来到我的水世界。从今天起，请你们跟着我的脚步一起去旅行吧！我的世界不仅充满了奇妙的科学知识，还有精彩纷呈的实验秀！让我们一起出发吧！

生态小课堂

第一节 走进神秘的水世界

水 是 什 么

同学们，你们知道水到底是什么吗？我们经常见到水，每天也会用到水，可是它到底是由什么组成的呢？

水，在化学中用化学式 H_2O 表示，它是由氢、氧两种元素组成的无机物，无毒，可以饮用。水被称为人类生命的源泉，是地球上最常见的物质之一，也是生物体最重要的组成部分。

字源演变：

甲骨文	金文	小篆	楷体

汉　　字：

汉语拼音：**shuǐ**

英　　文：**water**

化　学　式：**H_2O**

水的颜色和味道

在常温常压下，水为无色、无味的透明液体。

同学们，水是无色的，可是为什么我们会看到蓝色的大海、碧绿的湖泊和雪白的浪花呢?

当太阳光照射到水面上时，水对红、黄光进行选择吸收，而对蓝、紫光强烈散射、反射，因而水看起来呈蓝色。

这种蓝色会随着水深的增加变成深绿色。如果水略带泥沙，那么在风和日丽的情况下，偏黄绿色的江水则是豆绿色的，一江深深浅浅的流动的绿，使人心旷神怡。

绿色的江水

水的味道除了来自自身，也因为不同人的体质而略有不同。水的基本味道有咸、甜、酸、苦、腥、涩，与这些味道相符的水中矿物分别为钠、锂、镁、铁、明矾等，不同体质的人，因为体液构成的不同，在感受这些矿物离子的时候，能分辨到的味道会略有差别。

生态知识窗

海水味道咸的秘密

海水之所以是咸的，是因为海水中的盐类含量非常高。江河湖泊汇入大海的时候，会带来盐分。火山爆发的时候，岩浆溢出，把地下深处的盐分带了上来，久而久之，滞留在大海里的盐分越来越多，所以海水才会这么咸。

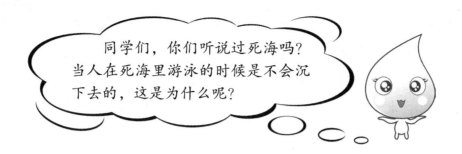

同学们，你们听说过死海吗？当人在死海里游泳的时候是不会沉下去的，这是为什么呢？

死海之所以能让人浮起来，是因为含盐量高，且越到湖底越高，是普通海洋含盐量的 10 倍。我们来做个小实验——漂浮的鸡蛋，一起来揭开死海的秘密吧！

漂浮的鸡蛋

材料准备： 水杯 2 个、清水 1 杯、鸡蛋 2 个、盐、搅拌棒 1 支

实验步骤：

1. 玻璃杯中倒入清水，放入盐，搅拌。

2. 放入鸡蛋并观察，鸡蛋漂浮起来。

3. 分别把鸡蛋放入清水和盐水中观察。

实验结果： 鸡蛋在清水中沉到杯底，在盐水中悬浮起来。

我知道了： 盐水密度大，鸡蛋受到的浮力变大，就能轻松地浮起来啦。

水 的 形 态

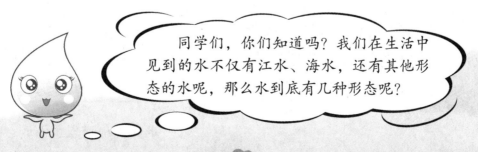

同学们，你们知道吗？我们在生活中见到的水不仅有江水、海水，还有其他形态的水呢，那么水到底有几种形态呢？

水在通常条件下有三种形态，分别是固态、液态和气态。

固态：能保持一定的体积和形状。水的固态包括冰、雪、霜等。

液态：物质存在的一种形态，可以流动、变形，可微压缩，水的液态通常是指普通的水，包括雨、露、雾等。

气态：气态与液态一样是流体，可以流动，可以变形，但与液态不同的是，气态的物质可以被压缩，水的气态则是指水蒸气。

冰（固态水）

湖水（液态水）

水蒸气（气态水）

雪是固态水的一种。雪花是一种美丽的结晶体，又名未央花和六出，是由雪晶互相碰并、黏合和勾连在一起而形成的雪晶聚合物。目前已知的雪花形状有 2 万多种。

水的三态转化

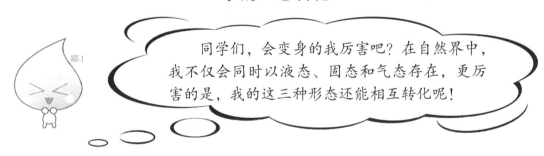

同学们，会变身的我厉害吧？在自然界中，我不仅会同时以液态、固态和气态存在，更厉害的是，我的这三种形态还能相互转化呢！

水的三种形态有着循环转化的关系，水蒸发后会变成气态的水蒸气，或者把水加热到100℃，水就会沸腾，迅速变成水蒸气。

水蒸气遇冷会凝结成小水滴、小冰晶，当温度降到0℃以下，水会凝结成冰，冰块受热后又会融化从而转化为液态水。右图为水的三种形态转化示意图。

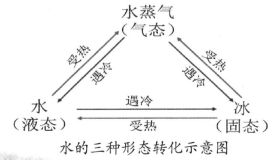
水的三种形态转化示意图

雪人变小的秘密

由固态水（冰）直接变成气态水（水蒸气）的过程叫作升华。同学们，冬天你们堆过雪人吗？你们可能已经注意到了，当白天气温超过 0℃时，雪人就会融化。但是到了晚上，即便户外真的很冷，也没有太阳照射，雪人还是会变小一些，这就是升华作用的结果。

水的三种形态之间的转化与我们的生活有着密切的联系，我们应用水的三态转化的原理发明和创造了很多有利于我们生活、生产的设备。

人工造雪　　　　　　　　　　　　晒盐场

水从哪里来

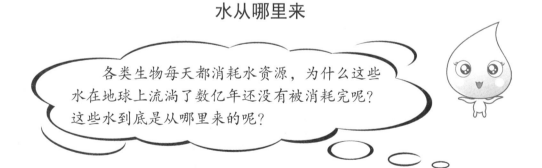

各类生物每天都消耗水资源，为什么这些水在地球上流淌了数亿年还没有被消耗完呢？这些水到底是从哪里来的呢？

"外源说"认为地球上的水来自外空：彗星、陨石和太阳风。

"内源说"认为地球上的水来自地球本身。

地面上的水不断蒸发变成了水蒸气，升上天空以后遇冷凝结成雨或雪降下来，就变成了水。有的水在地面上汇成江河、湖泊，另外一些水渗入地下，称为地下水。这两条水流汇聚交流，最终流入大海。

水循环示意图

在这一节中，我们一起走进了神秘的水世界，了解了许多关于水的奥秘。不难看出，水对人类生产生活和社会的发展起着重要的作用，我们一起来了解一下吧！

生态小课堂

第二节　生命之水意义重大

同学们，植物需要浇水，植物体内也有水，所以西瓜有甜甜的汁水，甘蔗也有甜甜的汁水。动物的体内也有水，那么同学们一定会问，我们的身体内也有水吗？

水与空气、食物是维持人类生命和健康的三大要素。成年人体内的水分占人体重量的 60% ~ 70%。可以说，没有水就没有生命。

一个人若是不吃食物，生命能够维持 2 周左右；而如果不喝水，就只能维持 3 天的时间。

同学们，你们身体内的水分可以达到 70% 左右，但是这并不代表你们不需要多多喝水哦，多喝水能够更好地促进身体新陈代谢，有助于健康成长。

生态小贴士

科学饮水法

◆ 不要大口吞咽

◆ 不要吃饭时和吃饭后喝

◆ 不要剧烈运动后马上喝

◆ 睡前少喝，起床后多喝

◆ 不要用喝饮料代替喝水

同学们，为了更广泛、深入地了解水的用途，请你留心观察生活，将你的家庭一周的用水情况记录下来吧！

记一记

在很久以前，我们水家族汇聚而成的河流大都是清澈见底的，那时没有先进的净水技术，所以人类直接饮用天然的河水或井水，世世代代繁衍生息。

水与我们的生活息息相关，我们离不开水，生活中哪些水是可以饮用的呢？

自然山泉水和井水

由于自然山泉水、井水没有进行规范的管理及消毒杀菌，有可能不够清洁，可能含有病菌。加热能杀灭水中的病菌，因此自然山泉水、井水需要煮沸后才可饮用。

自来水

自来水多来源于湖水、河水和地下水，水里面含有杂质、病菌等，所以需要经过多道工序进行净化处理。自来水中含有消毒剂，加热能杀灭水中的病菌及消除消毒剂，因此自来水也是需要煮沸后才可以饮用的。

秦皇岛市的自来水主要来自青龙河，除此之外，还有山海关区的燕塞湖（石河水库）、抚宁区的洋河水库等。

青龙河

生态小课堂

第三节　魅力家乡水　生活变更美

秦皇岛市处于环渤海地区的重要位置，轻柔的海风、细腻的沙滩、海天一色的湛蓝都是这座城市因大海而散发的独特魅力。

目前，秦皇岛市已建设海东青、沙雕2处海上休闲渔业平台，北戴河陆庄、丁庄、河东寨3个美丽渔村，打造了海鑫、

美丽的海滨小城——秦皇岛

海东青、欣远、渔岛、沙雕5个沿海休闲渔业基地，打造了柳河溪谷、霖达山庄、都山冷水鱼、永新水产、碧霞山庄等8个内陆休闲渔业基地。

生态和谐的观鸟湿地

休渔期的秦皇岛港

秦皇岛市海港区辖区内有石河、汤河、九江河等水系流经，用活"水"资源，发展"水"旅游，实现依水兴旅、以水富民。

高山漂流

习近平总书记强调，提升冰雪运动发展水平，加强政策引导和扶持，鼓励更多的青少年参与冰雪运动，带动更多群众走向冰场、走进雪场。发展体育事业要同促进生态文明建设结合起来，确保人们既能尽享冰雪运动的无穷魅力，又能尽览大自然的生态之美。

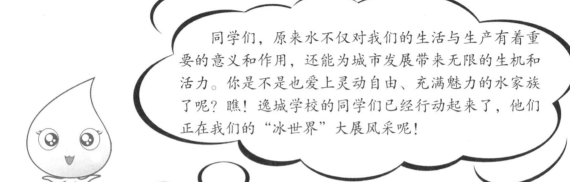

同学们，原来水不仅对我们的生活与生产有着重要的意义和作用，还能为城市发展带来无限的生机和活力。你是不是也爱上灵动自由、充满魅力的水家族了呢？瞧！逸城学校的同学们已经行动起来了，他们正在我们的"冰世界"大展风采呢！

冰雪进校园

滑雪

第二章 水的家族趣事多

你一定听过我的别称——"生命之源"吧？我是地球上生命生存的重要资源，也是生物体最重要的组成部分，我是不是很厉害呢？除此之外，我还有一个庞大的家族，在它们身上还发生了很多有趣的事，这节课就由我来带着大家认识它们吧！

生态小课堂 　第一节　最多的水——海洋

　　提到水，首先想到的就是海洋这个"大块头"。海洋中含有 13 亿 5000 多万立方千米的水，约占地球上总水量的 97%，地球上约 71% 都是海洋。航天员在太空看到的地球是蓝色的，因而地球也被称为"蓝色星球"。

　　全球海洋一般分为 4 个大洋和数个面积较小的海。4 个主要的大洋分别为太平洋、大西洋、印度洋和北冰洋。

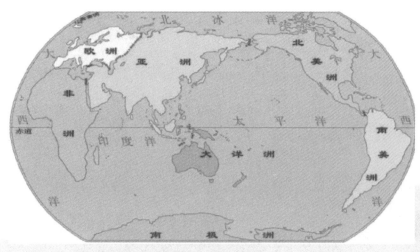

世界海洋分布图

13

生态知识窗

你知道海洋有哪些作用吗？

（1）海洋能够帮助我们呼吸。浮游植物是生活在海洋中的微小生物，它们能生产出地球上至少 50% 的氧气。（2）海洋有助于气候调节。（3）海洋吸收来自太阳的大量热量。（4）海洋是重要的食物来源。（5）海洋是多种生物的家园。

生态小实验

人们是怎样从海水中提炼出食盐的

海洋为人类提供的最重要的食物无疑是盐了，那么，你知道盐是怎么从海里提炼出来的吗？

材料准备： 2～3 勺食盐、水、1 个小碗（内壁颜色不能为白色）

实验步骤：

（1）小碗中装入水，加入食盐并搅拌，直到食盐完全溶解。

（2）把小碗放在太阳下静置几天。

实验结果： 小碗中的水蒸发了，一段时间后，水会全部蒸发，留下一层白色的残留物。

我知道了： 盐水放在太阳下，因为受热，所以水蒸发了。水中的盐重新结成盐晶体留在碗里。

生态小课堂

第二节　最常见的水——地表水

地表水，是指陆地表面上动态水和静态水的总称，也称"陆地水"，包括各种液态的和固态的水体，主要有河流、湖泊、冰川、沼泽等。它是人类生活用水的重要来源之一，也是各国水资源的主要组成部分。

河　流

河流分布较广，水量更新快，便于取用，历来是人类开发利用的主要水源。

读一读

黄河与长江

黄河位于我国北方，既是一条源远流长、波澜壮阔的自然河，又是一条孕育中华民族灿烂文明的母亲河。

长江是我国的第一长河，也是中华民族的母亲河。长江是我国水量最丰富的河流，水资源总量9616亿立方米，约占全国河流径流总量的36%，是黄河的20倍，位居世界第三。

黄河壶口瀑布

长江三峡

湖　泊

内陆湖多为咸水湖，蕴藏矿物资源。我国淡水湖泊的面积为3.6万平方千米，占湖泊总面积的45%左右。

搜一搜

我们常说的"五湖四海"中的"五湖"是指哪些湖呢?

冰　川

冰川是极地或高山地区地表上多年存在并具有沿地面运动状态的天然冰体。高山冰川是"固体水库"，储存固态降水，泄放冰雪融水，对河流有补给调节作用，使河流的年径流变化比较稳定。

高山冰川

扫码观看中国最美冰川。

冰川是咸的还是淡的呢？

冰川是咸的，因为很多冰川是在海洋中的，海水就是咸的。

……

冰川不一定是咸的，因为在高山地区也存在很多冰川，它们对河流有补给和调节作用，而河水是淡的。

沼　　泽

沼泽是地表及地表下层土壤经常过度湿润，地表生长着湿性植物和沼泽植物，有泥炭累积或虽无泥炭累积但有潜育层存在的土地。我国沼泽的分布很广，主要分布在东北三江平原和青藏高原等地。

沼泽地

生态小课堂　　　　**第三节　看不见的水——地下水**

地下水，是指埋藏在地表以下的各种形式的重力水，即赋存在岩土孔隙、裂隙、岩溶溶洞中，在重力作用下能够自由运动的水。

根据埋藏条件，地下水又分为上层滞水、潜水和承压水。

上层滞水埋藏在地表不深、包气带中局部隔水层之上，一般分布不广，呈季节性变化，雨季出现，干旱季节消失，其动态变化与气候、人文因素的变化密切相关。

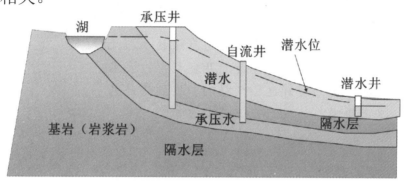

地下水示意图

地下水是从哪里来的呢？

大部分地下水储存在土壤和岩石的孔隙之中，也有少部分以地下河、地下湖的形式存在于自然形成的地下空洞里。

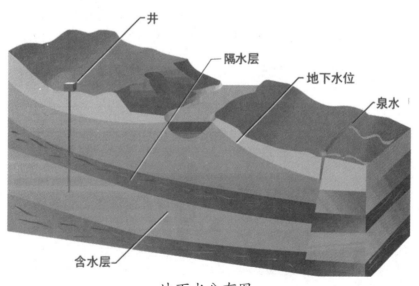

地下水分布图

我们往泥地上泼水，水很快会渗入地下，地表只留下一些水迹。这是因为土壤由质地疏松的颗粒组成，颗粒可以吸附水分，颗粒之间也可以存储水分。岩石质地坚硬，但内部也是存在空隙的，这为地下水提供了存储空间。实际上，自然界里不存在绝对不含水的岩层。

第三章　淡水资源敲警钟

你知道吗？地球上的水虽多，可供人类利用的淡水资源却是极为有限的。与此同时，由于人类不合理的开发利用，淡水资源危机的警钟也已经敲响。这到底是怎么回事呢？让我们去一探究竟吧！

生态小课堂

第一节　全球水危机

人口增长、工农业快速发展，使得人类对水资源的需求逐年增加，水资源面临着前所未有的危机。现在科学界有一个共识：水将成为 21 世纪的"石油"，但和石油不同的是，没有水，人类就无法生存。

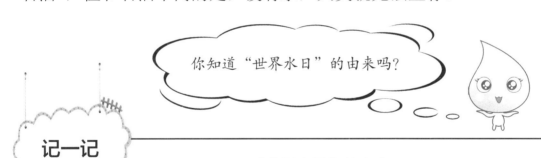

你知道"世界水日"的由来吗？

记一记

"世界水日"的由来

"世界水日"是人类在 20 世纪末确定的一个节日。为满足人们日常生活、商业和农业对水资源的需求，联合国长期以来致力于解决因水资源需求上升而引起的全球性水危机。1977 年召开的联合国水会议，向全世界发出严重警告：水不久将成为一个深刻的社会危机，石油危机之后的下一个危机便是水。1993 年 1 月 18 日，第 47 届联合国大会作出决议，将每年的 3 月 22 日定为"世界水日"。

根据国际水资源协会的研究，预计 2025 年世界总人口的 1/4 或发展中国家人口的 1/3 将严重缺水。

你知道什么是水体污染吗?

　　水,既孕育了生命,又创造了文明。然而,人类在追求美好生活的同时,却毫不顾忌地把大量工业、农业和生活产生的废弃物、污染物排入水中,致使水体污染、鱼虾死亡,水生生态系统遭到严重破坏,人类健康受到严重威胁,也使全球淡水资源缺乏的状况更加严峻。

水 体 污 染

　　水体污染,是指一定量的污水、废水、各种废弃物等污染物质进入水域,超出了水体的自净能力,破坏了水中固有的生态系统,从而降低或丧失水体利用价值的现象。

水体污染来源

生活污水排入河流,导致水体污染

含汞的废物排入河流,导致鱼死亡

重金属污染

　　汞、镉、铅、铬等是污染水体的主要重金属,其中汞的毒性最大。

议一议

引起全球水资源危机的原因有哪些？

人类不合理的开发利用导致淡水资源危机。

我知道未经妥善处理的生产生活污水会导致水体污染。

……

生态小课堂

第二节 关注中国

我国淡水资源总量为 28000 亿立方米，占全球水资源的 6%，仅次于巴西、俄罗斯、加拿大、美国和印度尼西亚，居世界第六位。

但是，我国的人均水资源量只有 2200 立方米，仅为世界平均水平的 1/4。全国 600 多个城市中有一半以上不同程度缺水。因缺水全国城市工业每年损失 2000 多亿元。

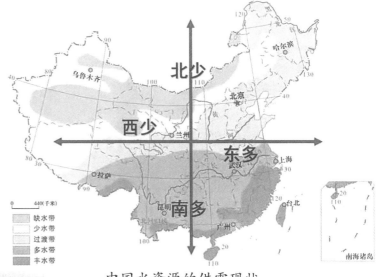

中国水资源的供需现状

按照国际公认的标准，我国目前有16个省（自治区、直辖市）人均水资源量（不包括过境水）低于严重缺水线，有6个省、自治区（河北、山东、河南、山西、江苏、宁夏）人均水资源量低于500立方米，为极度缺水地区。

生态知识窗

水体的富营养化

由于氮、磷等营养物质含量过高而引起水质污染，这一现象就是水体富营养化。当过量营养进入湖泊、水库、河口、海湾等缓流水体后，引起藻类及其他浮游生物迅速繁殖，使水溶解氧量急剧下降，水质恶化以致影响到鱼类等的生存。这种现象在江河湖泊中称为水华，在海洋中则叫作赤潮。在我国淮河流域曾经流传着这样一段民谣："50年代淘米洗菜，60年代洗衣灌溉，70年代水质变坏，80年代鱼虾绝代，90年代身心受害。"

小工厂向淮河排放未经处理的污水　　　　制革厂排污，产生"红矾"剧毒物

工业白色泡沫覆盖淮河　　　　　　　　淮河污染触目惊心

淮河水污染导致大量鱼类死亡

淮河被这些小工厂害得又黑又臭，尽管后来政府采取各种有力措施综合治理淮河污染，但水质的持续改善需要经历一个漫长的过程。

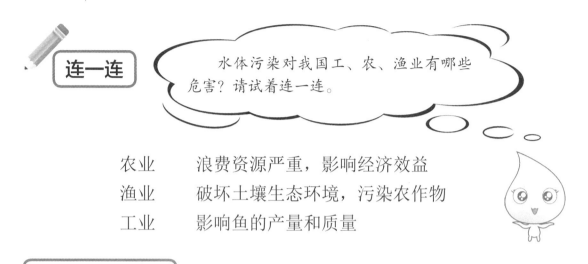

连一连

水体污染对我国工、农、渔业有哪些危害？请试着连一连。

农业　　　浪费资源严重，影响经济效益
渔业　　　破坏土壤生态环境，污染农作物
工业　　　影响鱼的产量和质量

生态小课堂

第三节　秦皇岛市水资源现状

目前秦皇岛市水资源总量匮乏，水资源浪费、污染现象严重，水资源保护和利用状况并不乐观。

流经秦皇岛市的河流主要有青龙河、洋河、石河、沙河、新开河、汤河、新河及戴河等，均为季节性河流。其中，青龙河流域的桃林口水库、洋河流域的洋河水库和石河流域的石河水库为秦皇岛市城市用水的主要水源地。

秦皇岛市的地下水源由于连年超采，在20世纪80年代前就已经形成了多个地下水降落漏斗区，地下水位急剧下降，造成沿海地区海水入侵。而处于石河上游的柳江盆地水源地，由于过度开采地下水，造成地面塌陷、房屋开裂甚至倒塌，给社会、经济、环境造成十分严重的影响。

自20世纪90年代开始，秦皇岛市加大了对市区河道的治理力度，采取了清理河道淤泥、封闭排污口、污水集中处理、整治河岸景观、调引生态用水等一系列措施，取得了比较明显的治理效果。

议一议

水资源是取之不尽、用之不竭的，对吗？为什么？

我不同意你的看法，我的理由是……

我认为水资源是取之不尽、用之不竭的，理由是……

生态小调查

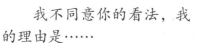

你了解家乡的河流吗

调查方式：实地勘查、走访有关部门、查阅有关资料、登录相关网站。

调查任务：调查家乡的河流，了解一下这些河流的基本情况、水位变化及原因、污染情况及沿岸居民使用河水的情况。

注意事项：

（1）调查之前，集思广益，列出一张调查访问的清单或表格。

（2）去河流实地勘查应注意安全。

我们在行动

逸城学校开展家校共育"节约用水，从点滴做起"主题教育活动，提高青少年的节水意识。

我和妈妈用洗菜水浇花

同学们，快快行动起来吧！

写一写

你还知道其他节水小妙招吗？

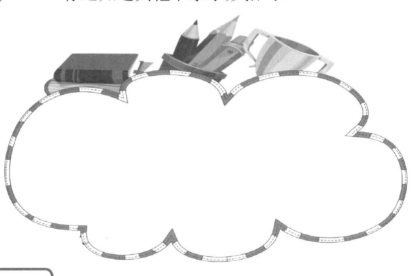

学习收获多

通过学习，我知道了：

（1）无论是在学校、家里还是在公共场所，都要注意节约用水，杜绝浪费，养成良好的节水习惯。

（2）学会一水多用。洗菜水、洗脸水可用于冲厕所，养鱼水可用来浇花，淘米水、煮面条的水可用来洗碗筷……

（3）在生活中宣传、使用节水器具。

让我们行动起来，争做生命之源的呵护者、节水的参与者、校园与家庭节水的实践者，为构建人水和谐的新家园作出贡献！

第四章　爱水护水见行动

同学们，通过前面的学习，我们了解了水的形态、水的来源、水的家族……

你知道吗？人与水和谐共生，会让我们看到一个神秘美丽的水世界。

随着科技的发展，人类的脚步越走越远。从干燥的沙漠、浩瀚的天空，到遥远的月球都留下了人类的行迹。现在，人类已经开始尝试在幽深的海底建设美丽的海底建筑了，你看！

马尔代夫海底餐厅

大西洋博物馆

随着经济的发展、人类活动范围的不断扩大，水资源短缺与需求日益增长之间的矛盾日趋突出。地面沉降、土地盐碱化、水质恶化、水土流失、旱涝灾害等现象日益增多。

保护水资源是我们共同的责任，你知道世界各国是如何保护水资源的吗？让我们一起去看看吧！

生态小课堂　　　　第一节　世界各国有奇招

为河流"动刀"——莱茵河污染事件

1986 年 11 月 1 日深夜，瑞士巴塞尔市桑多兹化学公司仓库起火，大量毒物随着灭火剂进入下水道，排入莱茵河。顺流而下的 150 千米内，60 多万条鱼被毒死，500 千米以内的河岸两侧的井水不能饮用。这次污染使莱茵河的生态遭到了毁灭性的破坏。

受污染的莱茵河

为了河流的健康，此前成立的"保护莱茵河国际委员会"决定"动刀"了。为航行、灌溉及防洪建设的各类不合理工程被拆除了，两岸水泥护坡重新以草木替代，部分"裁弯取直"的人工河段也经过"动刀"恢复了自然河道。

治理后的莱茵河

芦苇床废水处理系统

泰晤士河利用芦苇根系发达和优越的水、土、气交换能力等生态效应，使污水流经种有芦苇的土壤床或沙砾床，起到自然净化的作用。英国的第一批芦苇床系统于 1985 年 10 月在泰晤士河流域的沃尔登建造，此后又陆续有 23 个系统在此建造。最大的系统占地 1750 平方米，日处理生活污水 224 立方米。

泰晤士河

水上大型垃圾收集装置

荷兰小伙发明的海洋垃圾收集装置是一个长度为 600 米的 U 形围栏，它的内部配备卫星定位系统、灯光以及摄像头传感器，具有全自动搜集海洋中漂浮垃圾的功能，而垃圾收满了以后它就会很"聪明"地发出提示，垃圾船就会将搜捕到的海洋垃圾运输出去。

海洋垃圾收集器

水上无人机

南非一个企业家正在致力于一款名为"垃圾鲨鱼"的水上无人机，它可在港口附近自主巡游，一路"吃"掉400多磅（约180千克）海洋垃圾。

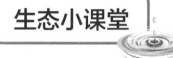
生态小课堂

第二节　中国护水有奥妙

替地下水"拦网"

地下水一旦受到污染，比地表水和江河湖泊水更难自净，需要花费数十年甚至数个世纪才能修复。所以，保护地下水的关键是替地下水"拦网"，防止化学品等污染物渗透流入地下水；同时还要保持地下水位在一定水平，不能盲目过量开采。

让湖泊"休息"

在所有自然生态系统中，湖泊作为相对静态的水体，水交换周期长、自净能力相对较弱，是最脆弱和最难恢复的系统之一。让湖泊"休息"，就是不去打扰它，而人类对湖泊的最大"打扰"就是化工厂等直接排放污染物。

重复使用工业用水

"工业减排"是关键

提高用水效率需要改变生产用水方式，如改直流用水为循环用水，提高重复利用率。如果能使工业用水的重复利用率达到较理想的水平，对于保护当地水资源和水环境产生的积极影响是不可估量的。

辩一辩

污水是废水，没有可利用的价值，对吗？

生态知识窗

中水回用

中水，是指生活污水经过处理后，达到或好于国家规定的杂用水标准，可在一定范围内重复使用的非饮用水。中水回用，是指将包括粪便污水在内的各种生活污水进行收集再处理后直接回用，可用于绿化灌溉、拖地、冲厕所、洗车等。

开源与节流并举

污水回用、中水回用、海水淡化都是解决水资源缺口的有效途径。沿海和近海地区的城市和企业，以直接利用海水和海水淡化为主，内陆地区的城市和企业，使用城市生活污水和工业污水处理后的再生水，以缓解水资源的减少和污染。

污水处理，中水回用

生态小实验

简易净水器

已经变脏的水，还能变清澈吗？我们通过下面的实验来了解一下。

材料准备：1 抔土、2 个杯子、1 张纸巾、清水若干

实验步骤：

（1）一个杯子接 3/4 的清水，另一个杯子不接水。

（2）将土放入接水的杯子里，搅混浊。

（3）将纸巾折成条状。

（4）将折好的纸巾对折，两端分别放在两个杯子中。

实验结果： 当纸巾一端浸泡在泥水中，水会沿着纸巾逐渐爬升，逐渐浸透纸巾并从另一端滴出来，并且水不再浑浊而变清澈了。

我知道了： 由于纸巾的纤维可以将水分子吸上来，即我们常说的"毛细现象"，由于沙土不能被吸附上去，水和泥沙就此分离开来，因此滴落在空杯子里的水就是干净的水了，从而实现了净化。

> **安全提示**
> 净化后，不是所有的物质都可以被过滤掉，细菌会一直残留在水中，这样的水是不可以饮用的。

生态小故事

保护滇池　勇者无敌

生命只有一次，滇（diān）池只有一个，他把生命和滇池紧紧地绑在了一起。

张正祥，被称为"滇池卫士"，可以说，张正祥为滇池付出了一切。为阻止有人在滇池边采矿，他每周都会绕滇池走一圈，一圈的长度是126千米。张正祥深爱着滇池，他不允许任何人以任何方式破坏它。

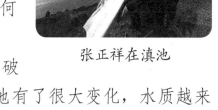

张正祥在滇池

在张正祥的守护下，许多毁坏原始森林、破坏环境的短视行为得到了有力阻止。现在，滇池有了很大变化，水质越来越好了，蓝藻爆发也少了。

打开微信扫一扫，了解更多吧！

同学们，你能设计几句环保宣传标语吗？

生态小课堂　　第三节　碧水蓝天秦皇岛

保护水资源需要大家共同努力，我们的城市——秦皇岛也在爱水护水的路上努力着。

湾河共治，实现海清河净

开展近岸海域综合治理，秦皇岛市坚持"四治"理念——治海先治河、治河先治水、治水先治污、治污先治源，并制定了"不让一滴污水入河进海"的目标。

秦皇岛市建立了完善的沙滩保洁、岸滩修复及海洋垃圾清理等常态化监管体制和工作机制，为海洋生态的修复和治理奠定了稳固基础。

北戴河鹰角亭潮汐

持续开展化肥农药减量行动，加快城市管网截污纳管、雨污分流等水污染防治能力建设，坚决杜绝一滴污水直排入海。

我们在行动

东港一小师生来到秦皇岛市第四污水处理厂实地参观

学习收获多

保护水资源看小事

呵护地球、保护水资源已经刻不容缓。作为"新时代好队员"的我们究竟应该怎么做呢?

水的节约。选用节水器具,如节水洗浴设备、龙头、马桶。刷牙、淘米、洗脸、洗菜时选用适当容器,不要用长流水冲洗。

废水别扔。洗衣废水可以冲厕所,用过但还比较干净的水也可以用来冲厕所、擦地、浇花等。

......

化学合成剂尽量少用。这些化学品会杀死水中的微生物,使水体的自净能力丧失,水中的毒素就会积累起来。必须使用时,应选用具有环保标志的清洗剂。

雨水用处多。雨水可用于擦洗车辆、浇灌花园和冲厕所等,这样可以减少家庭用水量和污水排放量。雨水也可作为其他用水,如空调冷却水、消防用水、景观用水等。

写一写

在校园里,你知道应该如何爱水护水吗?

_____

_____

读一读

水的重要性

　　水是机体物质代谢必不可少的物质，细胞必须从组织间液摄取营养，而营养物质溶于水才能被充分吸收，物质代谢的中间产物和最终产物也必须通过组织间液运送和排出。

　　水也是工业、农业、服务业的命脉。回溯人类文明的起源，是水孕育并造就了四大文明古国。水的文明史与世界文明史是密切相关的。

　　同学们，习近平总书记指出："我们既要绿水青山，也要金山银山。宁要绿水青山，不要金山银山，而且绿水青山就是金山银山。"爱水护水利在当代、功在千秋。让我们携起手来，共同保护我们人类赖以生存的水资源，共同创造更加幸福美好的明天！

还天空一片蔚蓝

让大气清新，让蓝天更蓝。
还天空一片蔚蓝，筑美好绿色家园。

第一章　生命气体藏秘密

亲爱的同学们，我是云云，欢迎来到大气的奇幻世界。虽然大气摸不到、看不见，但却是地球上的生命赖以生存的资源，这里有许多的奥秘等着我们去探究，准备好，和我一起出发吧！

生态小课堂

第一节　地球妈妈的保护层

地球是我们最伟大、最美丽的妈妈，她无私地包容着我们的一切，给我们提供了一个安全的港湾，是我们永远的家。作为人类的共同家园，地球妈妈也有一层"保护网"，那就是大气。

大气是包围着地球的空气。像鱼儿生活在水中一样，人类就生活在地球大气的底部，并且一刻也离不开大气。大气为地球的生命繁衍、人类的发展提供了理想的环境。

你不了解的大气资源

大气资源，泛指大气圈以及相关方面为人类提供的能源或者生产生活资料。一般而言，风能、太阳能、气候的季节变化产生的经济效应等都算大气资源。

大气是地球上一切生命赖以生存的气体环境。一个成年人每天大约要呼吸 10 ～ 12 立方米的空气，其质量约为每人每天摄取食物的 10 倍、饮水的 3 ～ 4 倍。充足洁净的空气对于人类健康来讲是不可缺少的。

同学们，大气以它变幻莫测的魅力吸引着人们，人们对它产生了极大的兴趣，特别是对于它的"身世"是最关心的。大气是怎样诞生的？原始大气是什么样的？是否与今天的大气一样？

生态知识窗

地球大气是伴随着地球的形成过程，经过了亿万年的不断"吐故纳新"，才演变成今天的这个样子。但它是怎样演变的呢？一般认为，地球大气的演变过程可以分为三个阶段，即原始大气阶段、次生大气阶段、现生大气阶段。

大气的"前世今生"

原始大气阶段

次生大气阶段

现生大气阶段

大约在50亿年前，大气伴随着地球的诞生就神秘地"出世"了。星云开始凝聚时，地球周围就已经包围了大量的气体了。

原始大气的主要成分是氢和氦。

地球生成后，内部的高温促使火山频繁活动，火山爆发时所形成的挥发气体逐渐代替了原始大气，成为次生大气。

次生大气的主要成分是二氧化碳、甲烷、氮、硫化氢和氨等一些分子量比较大的气体。

随着太阳辐射向地球表面的纵深发展，强烈的光合作用使地球上的次生大气中生成了氧，而且氧的数量不断增加。

今天的大气虽然是由多种气体组成的混合物，但主要成分是氮，另外还有其他一些气体。

 生态小课堂

第二节　大气的组成

大气是由多种气体组成的混合气体，低层大气是由干洁空气、水汽和固体杂质组成的。干洁空气指低层大气中除去水汽和杂质以外的混合气体，即干燥清洁的空气。同学们，你们知道大气的组成吗？

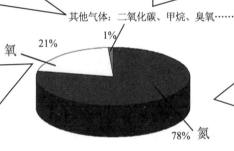

二氧化碳占大气的体积很少，是绿色植物进行光合作用的基本原料，能够调节地表温度。

臭氧占大气体积极少，能吸收太阳光中的紫外线，使大气增温，能减少到达地面的紫外线，对生物具有保护作用。

氧气占大气体积的21%，是人类和其他动物维持生命活动所必需的物质。

干洁空气中氮气占大气体积的78%，氮是地球上生物体的基本元素。

其他气体：二氧化碳、甲烷、臭氧……

1%

氧 21%

78% 氮

大气的分层

根据大气温度随高度分布的特点，可将大气层从地面向上分为对流层、平流层、中间层、热层、散逸层。

对流层

对流层是最接近地面的，人类生活在对流层的底部，对流层与人类关系最密切。

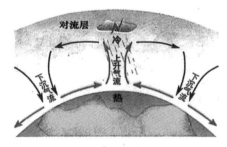

对流层

平流层

平流层为从对流层顶向上约55千米处，是大气层中上面热下面冷的一层。飞机就运行在大气的平流层。

中间层

中间层是从平流层顶向上距地面约85千米高度的一层。其显著特点是气温随高度的增加而迅速降低，垂直对流运动强烈。

同学们，你们知道吗？每天有数以百万计的流星进入地球大气层后在中间层燃烧。流星体进入中间层后，会与中间层的气态粒子相撞，引致铁或其他金属原子高度集中。这种相撞大多会产生足够热量，使这些下坠物在它们到达地表前被燃尽。夜光云就出现于中间层。

热层

热层是中间层顶向上距地面大约 800 千米高度的一层，也称为电离层。电离层能将地面发射的无线电波反射回去，对无线电通信具有重要意义。

散逸层

散逸层在距地面 800 千米以上，是大气层的最外层。因为其远离地面，受到的引力小，大气密度非常小，空气极为稀薄，气温高。

议一议

同学们，你们有乘坐飞机的经历吗？飞机起飞或降落时常常会颠簸，中途飞行则较平稳。如果是第一次乘坐飞机，没有任何经验，这时聆听空乘播报就显得尤为重要了。读一读下面空乘人员的播报，感受一下吧！

尊敬的旅客：
我们的飞机受气流影响，在起飞（下降）过程中穿越云层、受大风影响，偶有重度颠簸，请不必担心，在座位上坐好并系好安全带。不要在客舱内站立或走动，洗手间停止使用，我们将暂停服务工作，带有小孩的旅客请照看好您的孩子。待飞机平稳后我们将继续为您提供服务。给您带来的不便敬请谅解。谢谢！

讨论一下，飞机起飞或降落时会经过大气的哪几层呢？为什么会出现颠簸？

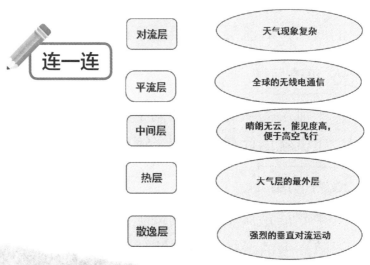

连一连

对流层	天气现象复杂
平流层	全球的无线电通信
中间层	晴朗无云，能见度高，便于高空飞行
热层	大气层的最外层
散逸层	强烈的垂直对流运动

生态小课堂

第三节　气候备忘录

气候是一个地区多年的天气平均状况，一般变化不大。地球上的不同区域有着各异的气候类型，按照不同气候类型划分的这些区域，称为气候带。

气候的形成因子：太阳辐射、大气环流、下垫面性质和人类活动。

不同气候类型的气温特点

大陆性气候与海洋性气候的比较（北半球）。

气候类型	气温日较差	气温年较差	最高气温月	最低气温月
大陆性	大	大	7月	1月
海洋性	小	小	8月	2月

不同气候类型的降水情况

赤道地区气流以辐合上升为主，全年雨量充沛。

南北回归线至南北纬30º之间，在副热带高压和信风带的影响下，常年干旱少雨。

大陆的西岸有两种情况：以亚欧为例，地中海地区（亚热带）夏季干燥少雨，冬季湿润多雨；欧洲地区（温带），各月降水量较多，而且比较均匀。

大陆的东岸，以亚欧大陆为例，冬季降水不多，夏季降水较多。

大陆的内部，以亚欧大陆为例，终年降水比较少。

两极地区以辐合下沉气流为主，全年降水少。

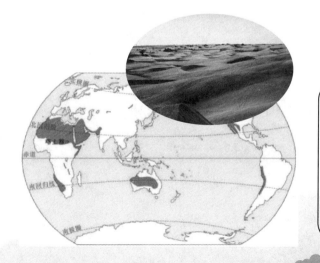

典型的气候类型

热带沙漠气候——地球上最干燥的气候类型，典型的地区是非洲的撒哈拉沙漠。热带沙漠气候光照多、云雨较少，夏季更是酷热干燥、多沙，且昼夜温差较大。

温带海洋性气候——在欧洲的分布面积最广，典型的气候特征是全年温和湿润。一般全年降水较均匀，夏天不会特别热，冬季也不会十分寒冷，气温年变化较小。

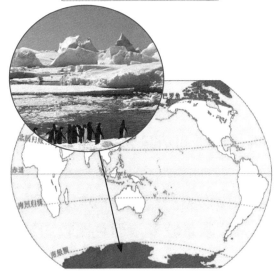

极地气候，分冰原气候和苔原气候两种。寒带气候因为极昼和极夜现象的出现而无明显的四季变化，接受太阳光热较少，全年气候寒冷，降水稀少。

搜一搜

你还知道哪些气候类型？搜集资料并写下来和同学们交流吧！

_____

_____

_____

我们的家乡秦皇岛市属于什么气候类型？

 生态小课堂

第四节　大气的作用

大气对地面的保温作用

大气层就好像是一条毛毯，均匀地包住了整个地球，使整个地球处在一个温室之中。

大气的削弱作用

太阳辐射通过大气层到达地面的过程中，由于大气对它有一定的吸收、散射和反射作用，使到达地面的总辐射被明显削弱，特别是对于波长短的辐射，削弱作用显著，这种现象称为大气的削弱作用或衰减作用。

大气的吸收作用

大气对太阳辐射的吸收具有选择性。对流层大气中的水汽和二氧化碳吸收红外线，平流层中的臭氧吸收紫外线。大气对太阳辐射中能量最强的可见光部分吸收很少，绝大部分太阳辐射能量能够到达地面。

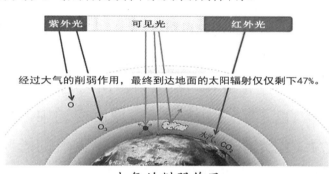

紫外光　　可见光　　红外光

经过大气的削弱作用，最终到达地面的太阳辐射仅仅剩下47%。

大气的削弱作用

你们知道吗？阴天的白天气温比较低哦。

我知道，这主要是大气对太阳辐射的削弱作用，厚厚的云层削弱了到达地面的太阳辐射，所以气温低。

那你知道青藏高原为什么能成为我国太阳能最丰富的地区吗？

这可难不倒我，青藏高原海拔高，空气稀薄，云量少，晴天多，大气的削弱作用小，所以太阳能丰富。

再考考你们，霜冻为什么出现在晴朗的夜晚？

这有什么难？晴朗的夜晚，大气的保温作用弱，地面的热量散失快，气温降低，水汽容易凝结。

生态知识窗

为什么晴朗的天空呈现蔚蓝色？为什么交通信号灯用红色灯作为停车指示灯？

光通过大气传播时，各种颜色的光受大气的影响程度是不同的。一般来说，波长较短的可见光被大气削弱得多，传播距离短；波长较长的光，被大气削弱得少，传播距离相对长一些。在太阳辐射的可见光中，波长较短的蓝色光最容易被散射，所以晴朗的天空呈现蔚蓝色。

也正是因为这样，在城市交通中，用红色灯作为停车指示灯，这是因为红色光波长较长，传播时受大气的影响小，司机能在较远处就看见信号灯，有利于交通安全。

大气有多重要

除了含有我们赖以生存的氧气外，大气层对地面既有保护作用，又能产生温室效应，使地面保持温暖而且稳定。一定强度的大气压力是使地表水在常温下保持液体状态的必要条件，可见，地球的大气层为地球上的生命提供了适宜的环境。

谁也不想美丽的蓝色星球变成毫无生气的灰色星球。因此，保护大气不容松懈，让我们共同守护蓝天白云！

第二章　大气科学趣味游

同学们，切开的苹果放时间长了为什么会变色？大自然为什么会有各种天气变化？请大家跟我一起去探索大气世界的秘密，揭开这些谜底吧！

生态小课堂

第一节　空气家族成员多

试一试

同学们，请你试着把鼻子捏住，同时闭紧嘴巴，过十几秒钟会有什么感觉？

> 无法呼吸或呼吸不畅时，人会感到头昏、恶心、心慌气短、胸闷、胸痛，这是缺氧的表现。长时间大脑缺氧会造成不可逆转的损害，甚至脑死亡。一般性的"体内缺氧"，即使不会直接产生生命危险，也会对身体健康造成损伤。

生命之气——氧气

氧气为无色无味的气体，是维持生命最重要的能源。同食物和水一样，氧气是人体健康最根本的要素之一。人每分每秒都在呼吸，吸入氧气呼出二氧化碳。正是这样一呼一吸的吐故纳新，使人体获得生命能源。食物、水、空气是人体的三大物质基础。在不能获得氧气的情况下，尽管饮食不缺，生命也只能维持数分钟。"人活一口气"，这句话体现了氧气在生命能源中的第一位置。

议一议

下列现象与氧气有关吗？氧气还有哪些作用？

切开的苹果在空气中氧化变色

柴草燃烧需要氧气

炼钢时利用氧气去除杂质

液态氧是现代火箭最好的助燃剂

潜水时需要氧气瓶

切好的土豆丝或者苹果暴露在空气中，几分钟后就会氧化变色。天然气、煤或者柴草的燃烧，也离不开氧气。

液态氧是现代火箭最好的助燃剂，超音速飞机也需要液态氧作氧化剂。可燃物质与液态氧接触后具有强烈的爆炸性，可制作液氧炸药。

工程师们在炼钢的过程中注以高纯度的氧气，氧便和碳及磷、硫、硅等发生氧化反应，这不仅能降低钢的含碳量，还能清除磷、硫、硅等杂质，提高钢的质量。

我还知道：

（1）氧气还可以用于切割金属。

_____

_____

氧气用于切割金属

生态小实验

大象牙膏

我们做一个跟氧气有关的有趣的小实验吧！

安全小提示

1. 实验过程中会产生大量氧气，请远离明火，注意安全。
2. 高浓度的过氧化氢具有腐蚀性，实验过程伴随放热，喷出的泡沫温度较高，需注意防护。

44

材料准备：30% 的过氧化氢、洗衣液、碘化钾粉末、量筒、药匙、烧杯

实验步骤：

（1）用量筒分别量取 10 毫升 30% 的过氧化氢、2 毫升洗衣液，倒入烧杯中。

（2）用勺子取 2 克碘化钾粉末倒入烧杯中，观察现象（如下图）。

我知道了：过氧化氢在碘化钾的催化下分解，产生大量氧气。氧气在逸出过程中遇到洗衣液，产生许多泡沫，在氧气的推动下泡沫喷涌而出，因其像一条巨大的牙膏，像是给大象准备的，故称为"大象牙膏"。

> 所有动物在呼吸的过程中都要吸收氧气吐出二氧化碳，而所有绿色植物都吸收二氧化碳释放出氧气，进行光合作用。就这样，二氧化碳在自然生态平衡中进行着无声无息的循环。

生态小课堂

碳 的 循 环

碳循环，是指碳元素在地球上的生物圈、岩石圈、水圈及大气圈中交换，并随地球的运动循环不止的现象。

在大气中，二氧化碳是含碳的主要气体，也是碳参与物质循环的主要形式。

在碳的生物循环中，大气中的二氧化碳被植物吸收后，通过光合作用转变成有机物质并放出氧气，然后通过生物呼吸作用和细菌分解作用又从有机物质转换为二氧化碳而进入大气。碳的生物循环包括了碳在动、植物及环境之间的迁移。

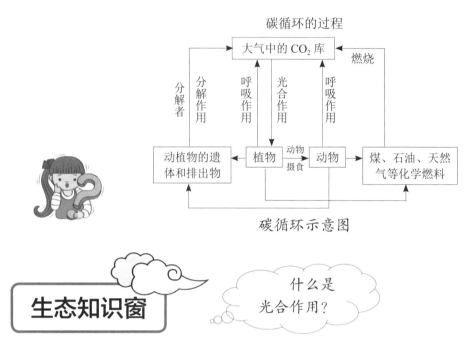

碳循环的过程

碳循环示意图

生态知识窗

什么是光合作用？

在含有叶绿体的绿色植物中，在可见光的照射下，经过光反应和碳反应，利用光合色素，将二氧化碳和水转化为有机物，并释放出氧气的过程称作光合作用。光合作用是一种将光能转变为有机物中化学能的能量转化过程，是生物界赖以生存的基础。一定范围内，二氧化碳的浓度越高，植物的光合作用越强，因此二氧化碳是最好的气肥。

第二节　气象万千

气象预报

明天我要和伙伴们一起去郊游，会是个晴朗的好天气吗？去看看气象预报就知道了。

天气预报示意图

气象预报员在播报气象时会说气温、气压、风向、风速、降水量等用语，而这些用语都是气象要素。

生态小课堂

气温，是指离地表1.5米的空气温度。在气象预报中，说到最低气温是指一天中最低的温度，而最高气温是指一天中最高的温度。

湿度，是指空气中含有水蒸气的程度。下雨时，空气中会有比较多的水蒸气，湿度就会比较高；如果天气晴朗，空气中的水蒸气比较少，所以湿度会比较低。

气压，是指空气压力。和周围相比，如果气压较高就叫作"高气压"，如果气压较低就叫作"低气压"。

认一认 连一连

多云　　小雨　　阴　　晴　　雷阵雨　　暴雪　　雨夹雪

你还知道哪些天气符号？画一画吧！

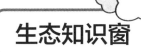
生态知识窗

世界气象日

"世界气象日"又称"国际气象日"，时间是每年的 3 月 23 日，是世界气象组织为了纪念世界气象组织的成立和《国际气象组织公约》生效日（1950 年 3 月 23 日）而设立的。每年的"世界气象日"都确定一个主题，要求各成员方在这一天举行庆祝活动，并广泛宣传气象工作的重要作用。

漂流不定的风

不用手直接碰这些物品，你能想办法让这些物品动起来吗？

试一试

你是怎么做的？和大家交流一下吧！

生态小课堂

空气从气压高的地方流向气压低的地方，便产生了风。风实际上是空气的流动。风的产生和空气的热胀冷缩有关。

每天，太阳光照射到地面，地面被晒热了，受热的空气因此而膨胀，上升快，于是附近的冷空气就填补进来，补充的冷空气受热又上升，附近的冷空气又来补充，这样冷热空气就流动起来形成了风。

空气流动的速度越快，风也就刮得越大。人们根据风力的大小，把风划分为 0～12 个级别。

0 级烟柱直冲天

1 级青烟随风偏

2 级轻风吹脸面

3 级叶动旗子展

4 级枝摇飞纸片

5 级小树随风摇

6 级举伞有困难

7 级迎风走不便

8 级风吹树枝断

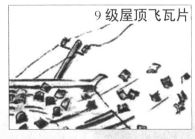
9 级屋顶飞瓦片

10 级拔树又倒屋

11、12 级陆上很少见

生态知识窗

天气图上风矢是表示风向、风速的符号，由风向杆、风羽组成。风向杆表示风的来向，风羽用来表示风速。风羽的三角旗、长划与短划分别代表 20 米 / 秒、4 米 / 秒、2 米 / 秒。天气预报中讲的风向、风力，指离地 10 米高处的地面风，气象上把 8 级（17 米 / 秒）以上的风叫作大风。

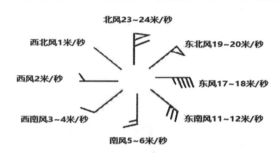

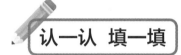

认一认 填一填

右图中哪个是龙卷风，哪个是台风？请填一填。

（　　）　　　　（　　）

龙卷风和台风是怎么形成的呢？去查找资料了解一下吧！

生态小实验

制造龙卷风

材料准备： 2 个相同的透明塑料瓶、水、色素、胶带、木棒

实验步骤：

（1）在一个塑料瓶中加入水和色素，用木棒搅拌均匀。

（2）在瓶盖上方打出两个位置相同的孔，将两个瓶子对接，用胶带固定。

（3）把有水的塑料瓶放在上方摇晃，水中出现了一个小漩涡，就像迷你龙卷风，快来试试吧！

我知道了： 两个塑料瓶的瓶口相对的时候，下面的塑料瓶充满了空气，所以上面塑料瓶中的水不会流下来。但如果晃动几次上面的塑料瓶的话，下面塑料瓶中的空气和上面塑料瓶中的水会发生转换，水会一边转动一边向下滴。这个过程很像龙卷风。

49

千变万化的云

同学们，还记得我的名字吗？没错，我是云云！我有很多不同的样子，一起去看看吧！

卷积云

高积云

卷层云

地面上的积水慢慢不见了，晾着的湿衣服不久就干了，水到哪里去了？

原来它们受太阳辐射后变成水汽蒸发到空气中去了，到了高空，遇到冷空气便凝聚成小水滴，然后又与大气中的尘埃、盐粒等聚集在一起，便形成了千姿百态的云。

雾和云一样吗？

议一议

雾

云

雾和云都由水汽凝结而成的，只是云的底部不接触地面，而雾却是接触地面的。因此可以说，雾就是地面上的云。

地表水蒸发时会变成水汽飘到空中，同时周围的空气温度降低，水汽会凝结在一起形成水滴，变成云。但是晚上气温骤降的时候，水汽还没到高空形成云就已经变成了水滴，这些升不到高空、没有形成云的就是雾气。

生态知识窗

清晨太阳刚刚升起的时候，或者傍晚太阳要落山的时候，你会发现天边的云常常会变得通红，就像火烧过一样，所以这种云被人们称作"火烧云"，又叫朝霞或者晚霞。

火烧云

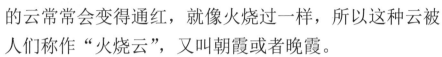

千百年来，劳动人民根据云的形状、厚度、颜色等特点，总结出了许多"看云识天气"的经验，而且还编成了谚语，如"朝霞不出门，晚霞行千里"，"乌云脚底白，定有大雨来"，"云低要雨，云高转晴"等。

你还知道哪些关于天气的谚语？

生态小课堂

水汽凝成的雨

陆地和海洋表面的水蒸发后变成水蒸气，水蒸气上升到一定高度后遇冷变成小水滴，小水滴组成了云。不过，云里的小水滴大多数太小、太轻了，掉不下来，只有遇到不断上升的气流时，水滴才会不断上升、增大，当增大到气流托不住它的重量的时候，水滴便从空中落下来，形成雨。

知识小拓展

你们知道吗？并不是所有的雨滴都会降落到地面上。在干旱地区，云中降落下的雨滴经常还没降落到地面上，就已经在干燥的空气中蒸发掉了，这些消失的丝状雨滴就叫作"雨幡"。

在夏季，雨常常在雷电的陪伴下出现。雷雨是一种分布范围很广的天气现象。

当积雨云强烈发展时，往往会有雷暴到来。天空乌云翻滚、电闪雷鸣，有时还出现狂风骤雨。

在夏季的雷雨天，我们常先看见闪电，然后听到轰隆隆的雷声，这是一种自然现象。闪电是大气中带正电荷和负电荷的云层之间或者云和地面之间发生的一种放电现象。

雨过天晴之后，我们有时会看到美丽的彩虹，彩虹是怎样形成的呢？

彩虹

生态小课堂

彩虹，又称天弓（客家话）、天虹、绛等，简称虹，是气象中的一种光学现象。太阳光照射到半空中的水滴，光线被折射及反射，在天空中形成拱形的七彩光谱，由外圈至内圈呈红、橙、黄、绿、蓝、靛、紫7种颜色。

用自己喜欢的方式制作彩虹吧！

做一做

小提示：
1. 要在太阳光充足的地方，让太阳光照在水滴或水雾上。
2. 由于彩虹只在背对太阳光的时候能看见，所以要背对太阳光，向与太阳光相反的方向看。
3. 当彩虹出现时，背景昏暗的地方，彩虹更加清晰。

你知道哪些关于雨的诗句？写一写吧！

生态知识窗　　　人　工　降　水

人工降水，又称人工增雨，是指根据自然界降水形成的原理，人为补充某些形成降水的必要条件，促进云滴迅速凝结或碰并增大成雨滴，降落到地面的过程。

一般在自然云已经降水或者接近降水的条件下，人工降水的方法才能发挥作用。其方法是根据不同云层的物理特性，选择合适的时机，向云中播撒干冰、碘化银、盐粉等催化剂，使云层降水或增加降水量，以解除或缓解农田干旱、增加水库灌溉水量或供水能力、增加发电水量等。

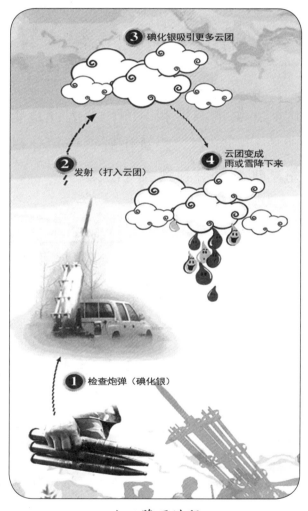

人工降雨过程

第三章　大气污染寻根源

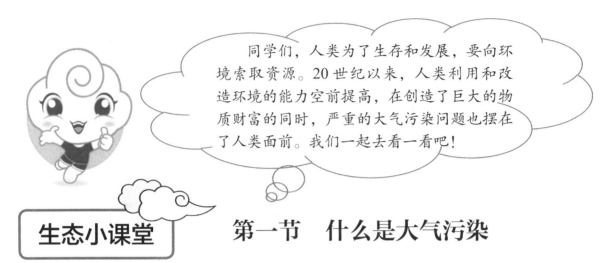

同学们，人类为了生存和发展，要向环境索取资源。20世纪以来，人类利用和改造环境的能力空前提高，在创造了巨大的物质财富的同时，严重的大气污染问题也摆在了人类面前。我们一起去看一看吧！

生态小课堂

第一节　什么是大气污染

大气污染，是指由于人类活动或自然过程引起某些物质进入大气中，达到足够的浓度和时间，并因此危害了人体的舒适、健康和福利或环境的现象。颗粒物、二氧化碳、一氧化碳、氮氧化物、二氧化硫等污染物的含量增加，都会导致大气污染。

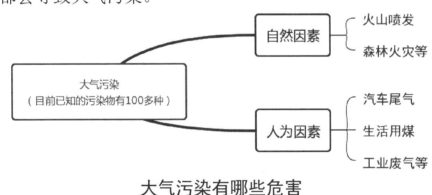

大气污染有哪些危害

受到污染的大气，通过呼吸和皮肤接触进入人体产生危害。人体若吸入大量的可吸入颗粒，可导致呼吸系统疾病。小于或等于 10 微米的颗粒物称为可吸入颗粒物（PM_{10}），直径小于或等于 2.5 微米的颗粒物称为细颗粒物（$PM_{2.5}$）。大气污染对气候也有很大影响，酸雨、温室效应、臭氧层空洞，均与大气污染有关。

想一想

同学们，我们可以在一个干燥、多云的日子，在家将一个干净的白手帕放在窗外。几小时后，你会发现你的手帕已经比刚放在外面时要脏很多，特别是在城市中，这种情况更严重。猜一猜，是什么原因导致的这种结果呢？

没错，正是由于工厂的废烟和汽车尾气污染了大气，导致一些污染物停留于地面高处，才使干净的白手帕变脏了。空气污染物中有的颗粒物比细菌还小，可长时间飘浮于大气中，还会导致呼吸系统疾病，特别是对于患有哮喘、支气管炎的病人，造成的危害会更大。

第二节　地球"发烧了"

近些年，地球得了"热病"，她"发烧"了。随着气温的快速上升，冻结数万年的冰山开始融化，海平面不断上升。以前多雨的地方出现了旱灾，以前干旱少雨的地方却下起了暴雨。多么奇怪！不仅如此，地球的"热病"也正威胁着生物的生存。现在，让我们去看一看"发烧"的地球是什么样子的吧！

融化中的北极

生态小课堂

首先我们一起来到天气非常寒冷、风雪交加、到处都覆盖着冰雪的北极。瞧！两只北极熊在"谈心"呢！

1. 太饿了！我的食物海豹都跑到哪里去了？

3. 为什么搬家啊？

2. 你还不知道吗？海豹早就搬家啦！

4. 地球每年都在升温，冰山都融化了，所以它们去更寒冷、更向北的地方了。咱俩也行动吧，去找找海豹。

"扑通！"在海边徘徊的两只北极熊跳进了海水中。但不知为什么，无论怎么卖力游，冰山始终在刚开始看到的位置。北极熊们喘着粗气颤抖着，口中发出"啊噗"的声音。因为在海水中游得时间太长，再加上好几天都没有吃东西了，它们已经没什么力气了，由开始拼命地游到渐渐地慢了下来。

云云有话说

北极熊的游泳技术虽然不错，但它们一次游泳的距离不超过25千米。在追捕期间，如果北极熊遇不到冰山休息，就会因为筋疲力尽而淹死在海中。研究人员通过分析发现，到2050年或更早，北极的夏天可能不再有冰，北极熊可能灭绝。

热带疾病在蔓延

近来，在意大利海滨浴场享受海水浴的人们受到了不小的惊吓。有的人身上出了疹子，有的人不停地拉肚子。这是怎么回事呢？原来是一种毒海藻惹的祸。这种毒海藻能在空气中释放毒素，人们游泳时触摸毒海藻或者吸入带有毒素的空气就会生病。这种海藻原本生活在热带海域，意大利不属于热带，为什么会出现在这里呢？那是因为意大利海边的海水温度升高了。

1. 孩子们，和爸爸妈妈一起去肯尼亚的内罗毕度假吧！

3. 我们要感谢地球变暖，那里已经能够让我们生存啦！

2. 妈妈，内罗毕挺凉快的，咱们能适应吗？

4. 太好啦，太好啦！咱们又有食物啦！

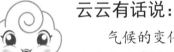

云云有话说：

气候的变化本来是非常微小的，人体是很难感受到的。但现在，世界各地发生的事情给人们敲响了警钟：气候的急剧变化引发了多种灾难，再这样放任下去，世界会面临更多的灾难，所以人们要认清形势，正确应对。

生态知识窗

调节地球温度的魔法师——二氧化碳

随着现代工农业的发展，越来越多的煤和石油被人们从地下开采出来，它们在燃烧时放出光和热，同时把大量的二氧化碳排放到大气中。人们毁林开荒，大片的森林消失了，减少了对二氧化碳的吸收固定。而粗耕细作又加速了有机物的分解，更多的二氧化碳排放到了大气中。二氧化碳的含量升高，改变了地球上的热平衡，产生了"温室效应"。

同学们，地球会"发烧"，都是以二氧化碳为首的"魔法师"惹的祸哦！我们每天所做的每一件事几乎都离不开能源。我们所需的大部分能源来自燃烧的煤炭、天然气或石油，这些都会产生温室气体。为此，科学家们正试图寻找更节约和更为环保的新能源来取代它们。比如用氢气、生物燃料和电的新能源汽车，以取代易污染环境的燃油车。我们还可以让家人少开一天车，绿色出行，贡献自己的力量哦！

环保小贴士

臭氧层"漏洞"啦

臭氧的作用：能够阻挡一部分紫外线，保护我们不受紫外线的伤害，避免晒伤或患皮肤病。

臭氧的现状：20 世纪 80 年代中期，南极上空的臭氧含量在减少，形成了一个椭圆形的臭氧层空洞。

"漏洞"的原因：人类过多地使用氯氟烃类化学物质是造成臭氧层空洞的主要原因。

想想真有趣：氟利昂主要用于冰箱等制冷设备中的制冷剂。氟利昂含有氯氟烃，它的成分释放出来能反复破坏臭氧分子，容易造成臭氧层空洞。通过减少氟利昂的使用和排放，可以使臭氧层空洞的问题有所改善。

> 紫外线对人类有什么危害？

高能量的紫外线可以导致皮肤癌，可能与黑色素瘤的产生也有关系。白内障也与长期暴露在阳光下有关。在日照强烈时，要注意防晒，比如涂抹防晒霜，佩戴墨镜、帽子，穿能防晒的衣服或打伞，避免皮肤和眼睛长时间被晒。

臭氧是"双面人"

天上的"朋友"	地上的"敌人"
天空的臭氧可以保护地面的生物免遭太阳短波紫外线的伤害。	地面的臭氧则是在紫外线的照射下发生一系列光化学反应后产生，它会进入鼻腔、上呼吸道、肺部，甚至刺激到眼睛。如果每天都暴露在高浓度的臭氧环境下，心血管疾病人群的死亡率会增加。

云云有话说：

　　臭氧层好比地球的防晒霜，保护地球上的生命免受太阳光中危险的紫外线辐射。科学家认为，为了保护臭氧层，我们要尽可能快地停止生产和使用氟利昂。我们可以这样做：在夏天，将空调温度调到不低于 26℃；不用一次性餐盒、含甲基溴的杀虫剂等；不买含有消耗臭氧层物质，如氯氟碳化物、哈龙的冰箱、空调等。

第三节　沙尘暴天气

沙尘暴天气是我国西北地区和华北北部地区出现的强灾害性天气。出现沙尘暴天气时，狂风裹着沙石、浮尘到处弥漫，蔽日遮光，天气阴沉。覆盖在植物叶面上的厚厚的沙尘，影响植物正常的光合作用，造成作物减产。

沙尘暴

专家提示：

　　发生强沙尘暴天气时不宜出门，尤其是老人、儿童及患有呼吸道过敏性疾病的人。

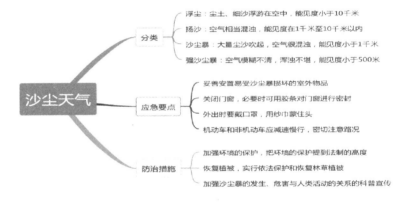

酸　雨

　　酸雨被人们形象地形容为"地球妈妈的眼泪"，它和温室效应、臭氧层空洞并称为人类面临的三大灾难性挑战。

　　酸雨形成的原因：主要是由于人为地向大气中排放大量酸性物质造成的，比如大量燃烧含硫量高的煤以及各种机动车排放的尾气。

　　酸雨的危害：

（1）会危害土壤和植物。

（2）会危害人体健康，引发哮喘、干咳、头痛等。

（3）会侵蚀建筑。

酸雨侵蚀雕像

防治措施：

（1）改进能源利用技术，发展清洁新能源。

（2）可以多种植洋槐、云杉、侧柏等树，以吸收二氧化硫，进行生物防治。

（3）制定相关政策来保护环境，如在一些城市实行单双号车辆限行等。

当沙尘暴天气、酸雨到来时，我们应当采取哪些措施保护自己和家人呢？

生态知识窗

室内空气污染

我们学习了一天，回到温暖、舒适的家里，你有没有想过家里的空气是不是就安全呢？是不是就没有空气污染呢？

室内空气污染的原因

- 炊事、取暖、吸烟以及其他生活内容
- 空调机、空气清新器没有清洗滤网、活性炭滤清器
- 装修材料、家具释放的甲醛、苯等污染物质
- 生活用煤燃烧的污染物
- 燃用蚊香而产生悬浮颗粒物，因此应使用电热驱蚊片
- 人体的新陈代谢，皮肤屑脱落

你还知道哪些室内空气污染产生的原因？

_____

_____

第四章　蓝天白云保卫战

"锦甸平铺鸭绿水，白云飞动蔚蓝天。"这是明代诗人王宠笔下的美景。同学们，大自然是最伟大的配色师，蓝蓝的天空白云朵朵，绿油油的草地上野花点点，清新的空气迎面扑来，你是否也喜欢这样的风景？可是想要"蓝天白云"常在身边，需要我们大家共同呵护！

生态小调查

同学们，你们喜欢什么样的天气呢？无论是晴天、雨天还是下雪天，大家肯定都喜欢清新的空气，但是空气看不见摸不着，我们如何能判断身边的空气质量呢？同学们可以选择自己方便的方式，调查当地一周的空气质量，并作好记录。

下面是两位同学的调查单，你觉得谁的调查结果更符合要求呢？同学们，你的调查结果怎么样呢？和大家交流一下吧！

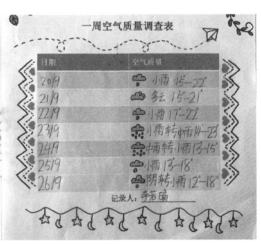

中华民族向来尊重自然、热爱自然，绵延5000多年的中华文明孕育着丰富的生态文化。生态兴则文明兴，生态衰则文明衰。

像保护眼睛一样保护生态环境，像对待生命一样对待生态环境，让自然生态美景永驻人间，还自然以宁静、和谐、美丽。

坚决打赢蓝天保卫战是重中之重，要以空气质量明显改善为刚性要求，强化联防联控，基本消除重污染天气，还老百姓蓝天白云、繁星闪烁。

——2018年，习近平总书记在全国生态环境保护大会上的讲话

环保在行动

防治空气污染的措施

1. 节能减排，使用新能源

节能减排就是节约能源、降低能源消耗、减少污染物排放。

生活中使用太阳能热水器、太阳能灶、太阳能电池等，不但可以节约电、煤、天然气，而且干净、环保、卫生。

风能是地球表面大量空气流动所产生的动能。利用风力发电、发热，减少有害排放物，清洁无污染。

2. 植树造林，种出好空气

在城市，一棵树一年可以储存一辆汽车行驶 16 千米所排放的污染物。

除此之外，植物还是天然的除尘器。树叶上长着许多细小的茸毛和黏液，能吸附烟尘中的碳、硫化物等有害微粒，还有细菌、病毒等有害物质，还可以大量减少和降低空气中的尘埃。当城市绿化面积达到 50% 以上时，大气中的污染物可以得到有效的控制。

3. 低碳生活，环保新风尚

节能减排，不仅仅是国家和工厂的事，低碳生活也是每位公民的责任和义务。

你 知 道 吗

服装在生产、加工和运输的过程中要消耗大量的能源，同时产生废气、废水等污染物。在保证生活需要的前提下，每人每年少买一件不必要的衣服可节能约 2.5 千克标准煤，相应减排二氧化碳 6.4 千克。

如果每月用手洗代替一次机洗，每台洗衣机每年可节能约 1.4 千克标准煤，相应减排二氧化碳 3.6 千克。如果全国有 1.9 亿台洗衣机都因此每月少用一次，那么每年可节能约 26.6 万吨标准煤，减排二氧化碳 68.4 万吨。

炎热的夏季，空调能带给人清凉的感觉。不过，空调是耗电量较大的电器，设定的温度越低，消耗的能源越多。如果每台空调在国家提倡的 26℃ 的基础上调高 1℃，每年可节电 22 度，相应减排二氧化碳 21 千克。

少用纸巾、重拾手帕，多走楼梯、少坐电梯，随手关灯，都是低碳生活。你还知道哪些低碳生活小妙招呢？

知识小拓展

廖晓义

环保人物——廖晓义

廖晓义是知名民间环保事业倡导者和活动家。她是中国第一位获得有"诺贝尔环境奖"之称的"苏菲环境大奖"的民间环保人士。

她认为节约是最大的环保，而节约就是减少没有必要的消耗。影响全国的"26度空调节能行动"就是廖晓义等人首先发起的。廖晓义从身边小事实施环保大题，为我国的环保事业作出了重大贡献。

生活小实践

动手拍一拍　晒晒家乡蓝

为防治大气污染，我们的家乡秦皇岛市作了很多努力。比如全面取缔工业、居民燃煤；整顿餐饮油烟污染，达标排放；强化工业企业污染防治工作；合理安排机动车出行时间和地点，降低机动车污染排放；严格控制扬尘污染、露天焚烧等，2021年制定了《秦皇岛市大气污染防治办法》（草案征求意见稿）。

我们的家乡是美丽的海滨城市，清新的环境是我们城市的名片。我们家乡的海是蓝色的，我们家乡的天空更蓝！相信我们能用自己的行动守护这片蓝天白云！同学们，让我们走出家门，拍下家乡的蓝天，晒晒我们的"家乡蓝"吧！

秦皇岛市海港区东山浴场

呵护生命之绿

让绿色在生命中流淌，让土地在根系间凝聚！

第一章　森林资源作用大

同学们，我是森林小精灵——森森。从今天开始，让我们一起踏上森林资源的学习之旅吧！

 认识"森"

森，由三个"木"组成，形容树木多。

甲骨文

小篆

隶书

"森"字的汉字演变

森林资源知多少

我知道什么是森林，但是森林资源又指什么呢？

森林资源由森林组成，但又不完全等同于森林，接下来我们一起来学学吧！

森林资源是林地及其所生长的森林有机体的总称。这里以林木资源为主，还包括林中和林下植物、野生动物、土壤微生物及其他自然环境因子等资源。

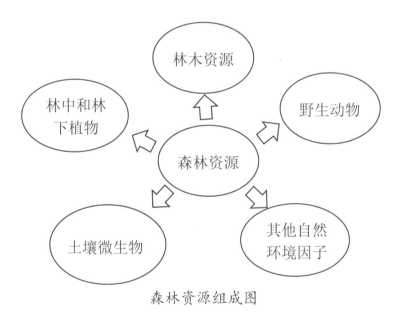

森林资源组成图

第一节　我国森林资源的特点

我国森林资源分布

我国森林资源是在我国国土内以乔木为主体的生物群落与非生物环境因素相互作用而形成的生态系统的总称。它包括各种类型的林地、宜林地与林分、疏林、散生木，以及林地内的动物、植物、景观等资源。

> 同学们，我国的森林资源有哪些特点呢？

特点1：树种和森林类型繁多，林产独特丰富

我国地域辽阔，960万平方千米的国土，地理、天气条件等自然因素复杂多样，形成了我国森林资源类型多的特点。

海南黄花梨

紫檀

楠木

黄杨木

铁力木

沉香木

67

你知道吗?

全世界木本植物有 2 万余种,我国有 8000 余种,占世界木本植物种类的 40%,其中乔木有 2000 多种。我国竹类资源也十分丰富,约有 43 个属、800 多个种,总面积达 640 多万公顷,是世界上竹类资源最多的国家。

在众多的森林资源类型中,很多具有很高的价值,包括经济价值、观赏价值、生物多样性价值等,例如经济价值高的树种有银杏、红豆杉、漆树、橡胶树、红木、杜仲、桑树、茶树等。

红豆杉　　　　　橡胶树

银杏　　　　　　漆树　　　　　　茶树

特点 2:森林资源总量多,人均占有量少

由于我国人口众多,约占世界人口总量的 17.6%,而森林面积只占世界森林面积总量的 3.9%,平均每人的森林面积只有 0.112 公顷,约是世界平均水平 0.64 公顷的 1/6。从总体上看,我国仍属于森林资源贫乏的国家。

特点 3：森林资源分布不均

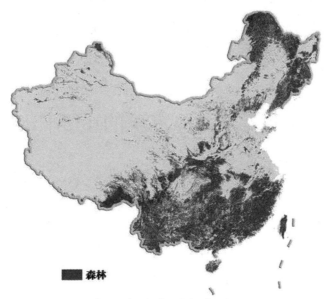

我国森林资源分布图

由于历史和自然地理条件等方面的原因，我国森林资源分布非常不均衡。东北、西南和东南部地区森林资源较多，华北和西北地区的森林资源分布少，差异极大。

我国森林资源主要分布在哪些区域？有什么样的类型和特点呢？请你搜集相关资料，结合下图来写一写吧！

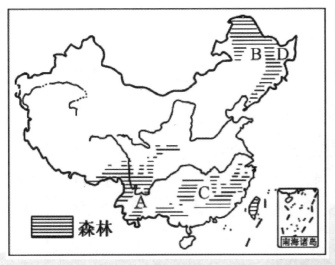

我国的森林资源主要分布在：

A._____

B._____

C._____

D._____

同学们，乱砍滥伐林木，情节严重的可构成犯罪！如果你想了解森林法规，可以扫描右侧二维码查看学习《中华人民共和国森林法》。

第二节　森林资源的重要作用

同学们，前面我们走进森林资源，了解了我国森林资源的特点，那么森林资源到底有哪些重要的作用呢？让我们一起走进"森林资源的重要作用"。

太好了，现在要进一步了解森林资源了。森林资源有哪些作用呢？我马上想到的是森林能防风固沙，有利于环境保护。

我知道森林能调节气候，对人类健康也很有好处呢！

森林资源的作用这一板块可是我们要学习的重要内容，我们快跟着森森一起全面学习吧！

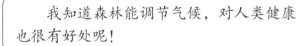

生态小课堂

森林资源由于其自有的特性，能为自然和人类带来不可估量的用处和效益，包括生态调节作用、社会价值、经济效益等。

对气候资源的调节作用

森林是"地球之肺"，是大自然的"调度师"，它调节着自然界中空气和水的循环，影响着气候的变化，保护着土壤，减轻了环境污染给人们带来的危害。

对水资源的调节作用

地球上水资源的总量是一定的，水分从地球表面蒸发到空中，再通过降雨落回地球表面，森林的调节作用是调节水资源分配与转化的过程。

森林对水资源的调节作用

对生物资源的调节作用

森林的变化直接影响到生物的生存环境。当森林遭到破坏时，生物的生存环境遭到破坏，生物种群数量减少，有的物种甚至可能灭绝。当森林得到恢复和发展时，生物资源可能会增加。

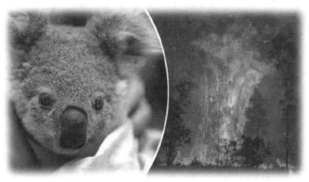

澳洲森林大火致野生考拉数量减少 1/3

关于森林火灾，你知道哪些内容？

森林火灾

2019 年 3 月 30 日 18 时许，四川省凉山州木里县雅砻江镇立尔村发生森林火灾，这次森林火灾烧损大量森林资源，有 31 人在火灾中遇难，代价惨重。

小提示：森林防火，人人有责，发现森林火情可拨打全国统一森林防火报警电话12119。

第三节　家乡秦皇岛市的森林资源

河北省秦皇岛市东临辽宁，西接京津，北依燕山山脉，南临渤海湾，下辖卢龙县、昌黎县、青龙满族自治县及海港区、山海关区、北戴河区、抚宁区。秦皇岛市气候温和，春季干燥，夏季温热，秋季凉爽，冬季无严寒，气候类型属于暖温带，地处半湿润区，属于温带大陆性季风气候。

同学们，你们在前面的调查中了解了不少关于家乡秦皇岛市的森林资源的情况，现在让我们跟着森森一起再来回顾一下秦皇岛森林资源的概况吧！

秦皇岛市位于燕山山脉东段丘陵地区与山前平原地带，山区较多，山区植被较好，多为针叶、落叶、阔叶林。截至 2022 年，森林覆盖率为 57%，高于全国平均水平。现有林场 6 个，分别为海滨林场、渤海林场、团林林场、都山林场、老岭林场、山海关林场，林地面积达 20.54 万亩。

秦皇岛市祖山

搜一搜秦皇岛市林业局的网站，相信你会有更多新的发现。

天 女 木 兰

天女木兰盛开

天女木兰为太古第四纪冰川时期幸存的珍稀名贵木本花卉，因其花瓣洁白、雄蕊紫色、香气迷人，其花朵与长梗随风招展，形似天女散花而得名，属国家三级重点保护植物。

天女木兰含苞待放

如今秦皇岛市的祖山，在海拔千米阴坡处就有成片的天女木兰，它们与乱石为伴，6月中旬吐蕊，香气清淡，高洁素雅。

学习收获多

习近平总书记说，绿水青山就是金山银山。人们也常说，森林资源是绿色的金子。

是的，森林资源是极其重要的自然资源，它与人类、自然紧密相连。

森林资源不仅能够调节生态平衡，还能为人类带来重要的社会价值与经济价值。

作为秦皇岛市的小学生，我们了解森林资源，认识到森林资源的重要性是十分必要的，也为我们接下来的学习作了充分的准备。

接下来的课程，请我们继续搭上这趟"绿色列车"，一起来学习吧！

同学们，如果你还想了解森林资源的更多知识，可以关注中国林业网，再为大家推荐两部精彩的纪录片：《美丽中国》《地球脉动》。

WWW.FORESTRY.GOV.CN

第二章　森林家庭快乐游

第一节　森林探秘之土壤

我发现树木形状不一样，有些地方的树木又矮又胖，有些地方的树木又尖又直。

我和爸爸妈妈出去旅游的时候发现，不同地区的森林土壤颜色是不同的，这是怎么回事呢？

森林和土壤密不可分，森林土壤的形成受多种自然因素的影响。在我国不同区域分布着不同类型的森林土壤，可以通过颜色识别。

生态小课堂

森林土壤，是指在森林植被下发育的土壤，它在全世界的分布范围极为广泛，从寒带到热带，除干旱和半干旱地区外，均有分布，约占地球陆地面积的 35%。

土壤具有明显的地带性，土壤中的 pH 影响林木的生长发育，对森林起主导作用。

在我国，气候干旱的黄河流域分布的主要是中性和钙质土壤。在潮湿寒冷的山区、高山区和暖热多雨的长江流域以南地区，则以酸性土壤为主。

土壤的酸碱性与森林中的树木有怎样的关系？

pH 是一种标志酸碱度的值，在一般情况下，pH 范围为 0 ～ 14，0 ～ 7 属酸性，7 ～ 14 属碱性，7 为中性。土壤的酸碱性可以通过 pH 来表示。

土壤 pH < 6.8
宜种植酸性土树种

土壤 pH 在 7 ～ 8.5 之间
宜种植钙性土树种

土壤 pH > 8.5
宜种植碱性土树种

杜鹃　　　　　　　　　柏树　　　　　　　　　胡杨

生态小实验

同学们，我们身边的森林土壤是哪种类型呢？又适合种植什么类型的树种呢？我们可以通过 pH 试纸测试土壤的酸碱度得知。如何用试纸测土壤的 pH 呢？一起来动手做一做小实验，按照步骤，你也来测一测，为身边的土壤找到适宜种植的树种吧！

材料准备：pH 试纸、玻璃棒、蒸馏水、营养土（5 克）、250 毫升烧杯、100 毫升量筒

实验步骤：

1. 按照干燥的土与水 1：10 的比例和湿润的土与水 1：5 的比例将称好的土倒入烧杯。

2. 倒入蒸馏水，充分搅拌。

3. 静置溶液 5 分钟。

4. 5分钟后取一张 pH 试纸。 | 5. 用玻璃棒蘸取烧杯中上层的清液，滴在试纸上。 | 6. 10秒后观察，对比比色卡。

了解了森林土壤的酸碱性，我们就可以因地种树了。让我们一起来记一记这些谚语吧！

1. 荒山荒地栽刺槐，不愁没烧柴。
2. 高山松树核桃沟，溪河两岸栽杨柳。
3. 阳山浅土栽松，阴山泥深植杉。
4. 背风向阳栽干果，沙杨土柳石头松。
5. 向阳石榴红似火，背阴李子酸透心。

同学们，森林土壤影响着树木的分布及其生长发育，树木对土壤具有生态适应性，由此，我们看到了不同地区呈现的不同的森林景观。在森森和探秘小队的探秘中，你的疑惑是不是解开了呢？让我们继续接下来的探索吧！

第二节 森林探秘之水

我和爸爸妈妈出去旅游的时候发现，不同地区的水的颜色是不同的，这是怎么回事呢？

电视节目介绍森林是一座"大水库"，可森林里都是树，哪儿来的水呢？

农谚说："山上多栽树，等于修水库。雨多它能吞，雨少它能吐。"可见，森林是另一种意义上的"水库"。

人们常说："青山常在，绿水长流。"森林和水之间有着千丝万缕的联系。

森林通过对雨水的截流，大大减小了雨水对地表的冲击，防止了水土流失；并且把雨水转化为地下水，增加了淡水资源总量；森林还可以改善水资源，降低水的硬度，提高水的碱性，提升水的质量。

树总是同水联系在一起。森林是不少水系的发源地。国内外大量研究表明，增加森林植被不仅是治理水土流失、助力防风固沙的有效举措，更是涵养水源、调蓄洪水、解决我国水资源问题的重要途径。

小调查：同学们，你们知道我们家乡所用之水来源于何处吗？水源周围是否有森林呢？它们之间又是如何互帮互助的？请在家长的陪同下走进燕塞湖一探究竟吧！请将你的调查结果分享给其他同学。

第三节　森林探秘之动物

森林中不仅有为林木提供肥力的森林土壤，还有涵养水源的水循环系统，森林更是一座"动物园"。

在森林这个大家庭中有各种各样的动物：大型食肉动物、小型食肉动物、食草动物。在我国，超过80%的动物以森林为家。

梅花鹿

大家好，我是你们的好朋友梅花鹿，喜欢生活在混交林的山地、草原和森林边缘。我性情机警，结群生活，以青草、嫩芽、树叶为食。我非常稀少，是国家一级保护动物。

梅花鹿很神奇，一到冬季就成了"没花鹿"？你知道这是为什么吗？

梅花鹿每年换两次毛。由冬毛换成夏毛时，身上一部分毛的白色素特别多，因此就形成了白色的毛。又由于此时梅花鹿身上的毛比较薄，由这些白色毛形成的斑便特别明显，所以我们就能清楚地看到它身上像"梅花"一样的花纹。由夏毛换成冬毛时，白色毛减少了，又因为此时梅花鹿身上的毛底色较浅，并且换上的冬毛是又长又厚又密的，所以冬天的时候，梅花鹿身上的"梅花"就不那么明显了，也就显得模糊了。

资料袋

秦皇岛全市发现野生鸟类504种，全市鸟种总数约占全国1400多种鸟类的36%，被世界观鸟爱好者视作"观鸟的麦加"。

秦皇岛地区的动物区系属温带森林、森林草原、农田动物群。全境处于东北亚与东亚过渡地带，动物资源比较丰富，是候鸟重要的迁徙停息地。

第四节　森林探秘之树木

同学们，森林是动物栖息的家园，你们认识身边这些组成森林的树木吗？你知道它们的名称吗？

生态小课堂

森林中的树木主要分为乔木类、灌木类和藤本类。其中，乔木类分布范围比较广泛，平时我们常见的高大树木都属于乔木，例如玉兰、松树、白桦等。灌木通常指高度低于 6 米的树木，例如牡丹、杜鹃、连翘、黄杨等。而藤本植物指的是缠绕类的木本植物，例如爬山虎、紫藤、葡萄等。

连一连

你认识森林中这些常见的落叶乔木吗？请试着连一连。

◎　　　　◎　　　　◎　　　　◎

◎　　　　◎　　　　◎　　　　◎

榕树　　　杨树　　　柳树　　　枫树

梧桐树

梧桐树又称作青桐，属于落叶大乔木，最高可达 15 米左右。

梧桐树喜欢湿润、疏松且肥沃的偏碱性土壤，它生长速度快，全身都是宝。枝干可以制作乐器；树皮可以用来造纸；种子不仅可以食用，还可以压榨成油；同时，它的根、花朵、叶子都具有药用价值。

梧桐树不仅外观优美，而且有很强的生命力和很高的观赏价值。它还可以吸收空气中的有害气体，净化我们的生活环境。梧桐树寿命很长，可以活至上百年。

同学们，通过畅游森林，你一定了解了很多关于森林的知识。那么，林木的生长和分布有什么规律呢？和森森一起来进行科学探索吧！

扫一扫

这里还有更多的树木等着你去探索，赶快扫一扫二维码，了解更多的信息吧！

资料袋

你了解中国最古老的树吗

目前，我国现存的最古老的树是黄帝轩辕柏，位于陕西省黄陵县轩辕庙中，相传为轩辕黄帝亲手所种，被誉为"世界柏树之父"。距今有约 5000 年的历史，其树高 20 米以上、树围 7.8 米。

位于秦皇岛市山海关区的长寿山国家森林公园，以其丰富的森林风景资源和独特的景观，吸引了众多的海内外游客。长寿山国家森林公园的森林覆盖率为 74.4%。这里山石奇异，层峦叠嶂，谷幽水清，树茂草丰，是认识森林树木的好去处。

长寿山国家森林公园

搜一搜

在我们的家乡——秦皇岛祖山风景区，有一种世界珍稀树种，它的生长环境独特，只生长于千米以上的高山上，被誉为"植物界的活化石"，你知道它是什么树吗？

了解了这么多树种大家累了吧，我们坐在树桩上休息一会儿吧！森林的奥秘还有很多，在森林中探秘还要注意不要迷路，如果迷路了，就找一找树桩，树的年轮还可以帮助我们辨别方向。

疏松：南面

紧密：北面

注：以北半球为例

怎样根据树的年轮辨别方向

一般来说，树木背阴的一面（北面）容易长青苔；而树木的年轮在南面会疏散一些，不如北侧的年轮致密。

树墩的年轮，朝南的一半较疏，而朝北的一半较密。由于植物的树干南面向阳，阳光充足，生长旺盛，每年长得多，年轮排列稀疏，所以年轮宽；而北面稍紧密，由此可以判断方向。北半球太阳偏南，年轮较宽的一面是南；南半球则相反，年轮较宽的一面是北。

第三章　森林奥秘齐探索

同学们，森林是一种复杂的生态系统，它包含的植物种类繁多，有身形高大的乔木、低矮丛生的灌木、没有根系的苔藓、草本的蕨类植物等。这些植物由于自身的生长特性，在森林中呈现分层的现象。多种植物形成森林生态系统并发挥重要作用。

乔木

蕨类植物

灌木

苔藓

生态小课堂

同学们，你们知道森林中的种子形态吗？想知道它们如何传播吗？快来跟我一起学习吧！

第一节　森林植物的繁殖

　　森林植物的繁殖大多靠种子，不同的植物会有不同形态的种子，这些种子依靠自然的风力、水力和自身的生物特性来传播，并在新的领地扎根、生长。

　　森林中最高大的便是乔木，也就是树身高大的树，你们都见过哪些树的种子？它们都是什么样子的？

　　有些树的种子是树的果实，例如橡实是橡树的种子，栗子是栗子树的种子。

　　有的树的种子是果实的一部分，例如苹果籽是苹果树的种子，银杏果的果核是银杏树的种子。在这些树种中，有一部分有助飞结构，仔细观察，你就会发现其中的奥秘。

　　看了下面的图片，你有什么发现？你能试着给下面这些种子分类吗？

松树种子

火炬树种子

杨树种子

橡树种子

种子类型	种子名称
果实	
果实的一部分	
单纯树种	

人们的智慧是无穷的，很多植物的种子被做成工艺品，你还能认出这些种子吗？

松果装饰

胡桃雕刻

芦苇花

松果、拉毛果等植物插花

同学们，我们认识了森林中很多种植物的种子，它们非常"聪明"，你知道它们是怎样到更远的地方的吗？我们一起来探索吧！

有的植物种子靠风力传播。它们的种子上面长有细毛，而且重量轻，例如常见的蒲公英、柳絮、杨絮。

红醋栗　　　苍　耳

有的植物的种子自带"弹射装置"。通常这类种子成熟后，外壳就会裂开，将种子弹向四方，这更像是一种机械传播种子的方法，例如凤仙花、早开堇菜和豆科植物。

有的植物种子靠动物传播。有的植物的种子表面带有倒钩，能够勾住经过的小动物的皮毛，让小动物带它们去"旅行"。

有的植物种子被鲜艳的浆果包裹，鸟儿们被它们吸引并食用后，那些无法消化的种子便随着粪便排出体外，掉落在土壤中，例如红醋栗。

有的植物种子靠水流传播。靠水传播的种子表面含有蜡质不吸水，而且果皮含有气室，能浮在水面上，例如水葫芦、莲叶桐。

早开堇菜

莲叶桐

同学们，森林中绿荫一片，到处生机盎然，这离不开叶的重要作用。不同树种的叶片差异很大，你能通过观察叶片判断树种吗？快来看看下面这些都是什么树种的树叶吧！

我记得古诗《咏柳》中有诗句："不知细叶谁裁出，二月春风似剪刀。"柳树的叶片是又细又长的。

我们的课文里有关于银杏树叶的描述，秋天时，"黄黄的叶子就像一把把小扇子，扇啊扇啊，扇走了夏天的炎热"。

我见过路边绿化带中有的树长着像尖刺一样的叶子，我问爸爸，爸爸说这是松树的叶子。

我还查找了"常见树种的叶子"，我知道……

连一连

| 杨树叶 | 柳叶 | 松针 | 槐树叶 | 银杏叶 | 榆树叶 |

做一做

根据树叶的形状，我们可以制作可爱的树叶贴画。
提示大家：千万不要摘树叶，可以捡落叶来制作。

炎炎的夏日，你们知道为什么站在树下会更清凉吗？

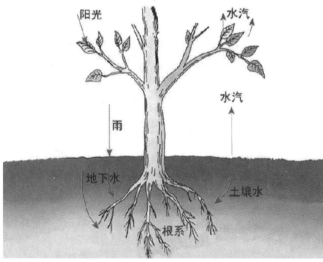

阳光　水汽　水汽　雨　地下水　土壤水　根系

叶片蒸腾作用示意图

除了树冠能带来树荫之外，还由于叶片的蒸腾作用，带走了叶片上的热量，让树的周围温度下降，这样我们就会有凉爽的感觉啦！

第二节　森林分布的规律

生态小课堂

同学们，回忆你所见过的树种，哪种树的树叶最大？哪种树的树叶最细小？它们都生长在哪里？森林的分布与地理位置、气候有怎样的联系呢？这一部分我们就一起来探究一下。

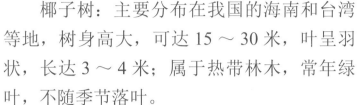

椰子树：主要分布在我国的海南和台湾等地，树身高大，可达 15～30 米，叶呈羽状，长达 3～4 米；属于热带林木，常年绿叶，不随季节落叶。

香樟：主要分布在福建、广东、广西和云南等地，树高可达 30 米，叶呈卵状椭圆形，叶长 6～12 厘米；属于常绿高大乔木，不随季节落叶。

黄山栎：主要分布在安徽、浙江、江西、湖北等地，树高达 10 米，叶片呈倒卵形，长 11～15 厘米；冬季进入休眠期，属于落叶乔木。

冷杉：主要分布于兴安岭、长白山、燕山、五台山、秦岭和南方大部分的高山地带，树高可达 40 米，叶片长 1.5～3 厘米；属于耐寒的树种，常绿针叶乔木。

落叶松：主要分布于大兴安岭和小兴安岭海拔 300～1200 米地带，树高可达 35 米，叶片呈披针状条形，长 1.5～3 厘米；耐低温寒冷，属于落叶针叶乔木。

气候对植被分布的影响

热带雨林气生根

温带阔叶林

亚热带常绿硬叶林

寒温带针叶林

> 同学们，经过本单元的学习，你了解了哪些针叶树种和阔叶树种？你知道哪些树是四季常绿，哪些树是冬季落叶的吗？

第四章　爱绿护绿在行动

耕地锐减，大量土壤被破坏。森林守护着地球，却遭受了人类无情的破坏。

第一节　森林资源被破坏的现状

森林是我们人类祖先最早居住的地方。生命起源于此，即使后来祖先们搬离森林，可是森林依旧给人类生活提供了足够的生活必需品，以保证人类世世代代繁衍生息。森林是人类赖以生存的家园，它的现状到底如何呢？

1950—1985 年间，在这 30 多年的时间里，全球的森林面积就消失了一大半。

森林面积每年以 1200 万公顷的速度锐减。

我从新闻中知道，近几年，破坏森林的案件时有发生。

据联合国粮食及农业组织统计，地球上几乎 1 分钟就有超过 20 公顷的森林被砍伐掉。

人类破坏树木就等于背叛自己。由于人类对树木乱砍滥伐，破坏了生态平衡，自然灾害频发，导致地球母亲满目疮痍。

同学们，和森森一起来到森林资源被破坏的现场……

苏门答腊原始森林如今已成为烧焦的荒地

韩国 22 年来最严重的森林大火在蔓延

巴西帕拉州国家森林遭到破坏

古巴马坦萨斯，村民砍伐森林中的树木并加工成木炭

由于人们对森林木材的大量消耗与破坏，地球的森林面积在逐年缩小，引起了很多环境问题。很多地方长年干旱少雨、气候变暖，水土流失、沙尘暴和雾霾严重。

你知道森林为什么会遭到破坏吗？查找资料，说说你的看法。

环保小贴士

《最高人民法院关于审理森林资源民事纠纷案件适用法律若干问题的解释》第十七条明确规定：违反国家规定造成森林生态环境损害，生态环境能够修复的，国家规定的机关或者法律规定的组织依据民法典第一千二百 三十四条的规定，请求侵权人在合理期限内以补种树木、恢复植被、恢复林地土壤性状、投放相应生物种群等方式承担修复责任的，人民法院依法予以支持。

第二节　保护树木　人人有责

只有保护好身边的绿色，不让树木再受到伤害，才能促进生态的可持续发展；只有建设绿色乡村、绿色社区，才能建设美丽中国。

同学们，保护树木，人人有责。这一节，我们来一起学习保护树木的方法，赶快行动起来吧！

做一做

同学们，请你按照正确的顺序，把植树过程的序号写在横线上。

正确的顺序是

_____

①浇水　　②一次培土　　③解草绳　　④上支架　　⑤放入树苗

⑥提苗　　⑦二次培土　　⑧挖树坑　　⑨围堰

我们可以给树木做日常保护的工作，浇水施肥，给小树穿衣服。

我们可以做一个树木生长情况调查表。

我们可以制作树木保护宣传卡片。

我知道有认养一棵树活动，例如家乡的青龙板栗古树就可以认领。

爱护树木也要注意方法哦，我们一起来看一看吧！你知道这样做能起到什么作用吗？你还知道哪些保护树木的方法呢？

给大树输营养液　　给大树喷洒药物　　给大树穿"越冬衣"

同学们利用周末，来到户外当起了护绿宣传员，捡起地上的垃圾，并且发现有破坏环境的行为及时劝阻。为了树木冬天暖和过冬、不挨冻，工作人员为树木穿上了美丽又暖和的衣服。为了保护树木，工作人员还会根据树木的生长情况给树木输营养液、喷洒农药、防治病虫害、搭建支架，以防大风等灾害导致树木倒伏。

生态知识窗

同学们，你们的植树节是怎样的？我们一起来看看东港一小的同学们是怎么过植树节的吧！

东港一小师生开展"小手拉大手 红领巾助力环境保卫战"植树节活动

爱护家乡森林资源倡议书

各位老师、同学们：

地球是生命的摇篮，是我们赖以生存的家园。人们乱砍滥伐树木，森林资源日益减少。作为"地球之肺"，它们不仅可以为所有动物提供氧气，也能吸收许多对人体有害的气体。人类破坏森林资源，也是在破坏自己赖以生存的环境。在垃圾桶里，经常看见写了几页就扔掉的笔记本，还可以看到许多一次性筷子，造成这些问题的原因是人们的环保意识太淡薄。为此，我倡议：

1. 加强森林保护知识宣传，让人们认识到保护森林资源的重要性，号召人们珍惜森林资源。

2. 保护身边的花草树木，不在树木上刻字。

3. 利用身边的荒地植树，多植树、多造林。

4. 珍惜森林资源，拒绝使用一次性筷子、一次性餐碟等用品，纸两面都要用。

5. 实施垃圾分类，将有回收利用价值的废纸、木材回收利用。

为了让地球变得更美丽，为了让天空更蓝，为了让土地更肥沃，为了让河流更清澈、让鱼儿畅游、让鸟儿为我们歌唱，让我们一起珍惜森林资源，保护生态环境，呵护地球家园！

东港一小全体师生

2022 年 6 月 16 日

同学们，你们知道植树节是为了纪念哪位伟人吗？

91

孙中山先生与植树节

孙中山先生是我国近代最早提倡植树造林的人。

1915年，在孙中山先生的建议下，当时的北洋政府正式规定每年清明节为植树节，自此我国有了植树节。后因清明节对我国南方来说植树时间太迟，同时也为了纪念孙中山先生，1928年国民政府又将孙中山先生的逝世日——3月12日定为植树节。

1979年2月23日，第五届全国人大常委会第六次会议决定，将每年的3月12日定为我国的植树节，以纪念一贯提倡植树造林的孙中山先生。

同学们，让我们以保护地球的名义保护树木吧！树木是人类的朋友，它们为我们阻挡风沙，阻止泛滥的洪水，输送源源不断的氧气。提高保护树木的意识，对无知和残忍的盗树行为说"不"！让鸟儿安家在繁花嫩叶中！

守护自然使者

青山绿水是和谐风景，鸟语花香是生态名片。

第一章　常见鸟类我寻找

第一节　鸟的形态特征

生态小课堂

鸟类可是个庞大的家族，全世界现存鸟类已知有 9000 多种，我国有 1400 多种，而秦皇岛市就有 500 多种鸟类。

请同学们观察下面几幅图片，想一想鸟类有哪些共同特征？

鸵鸟

孔雀

戴胜

火烈鸟

鸟类的共同特征：鸟是两足、恒温、卵生的脊椎动物，身披羽毛，前肢演化成翼，有喙无齿，身体呈流线型，大多数飞翔生活。

议一议

同学们，下面图片里的动物是鸟类吗？为什么？

喜鹊

蝙蝠

蜻蜓

喜鹊属于鸟类，体表有羽毛，会飞翔，卵生。

蝙蝠不属于鸟类，属于哺乳动物。蝙蝠虽然有翅膀，但是没有羽毛，也不是卵生。

蜻蜓不属于鸟类，是昆虫，蜻蜓的体表没有羽毛。

生态知识窗

所有的鸟儿都会飞吗

其实并不是所有的鸟儿都会飞翔。鸟的种类繁多，可以分为三个总目：一是平胸总目，包括善走而不能飞的鸟，如鸵鸟。鸵鸟主要以行走和奔跑的方式运动，它们用翅膀保持平衡。二是企鹅总目，包括善游泳和潜水而不能飞的鸟，如企鹅。三是突胸总目，包括两翼发达能飞的鸟，绝大多数鸟类属于这个目。

第二节　鸟的分类

生态小课堂

根据鸟类栖息地类型和形态特征，可将鸟类大致分为鸣禽、陆禽、攀禽、游禽、涉禽、猛禽六大生态类群。

鸣　禽

鸣禽类一般体形较小，体态轻捷，活泼灵巧，善于鸣叫和歌唱，且巧于筑巢。鸣禽嘴粗短或细长，多数以种子为食。

鸣禽类鸟儿分布很广，遍及世界各地。它们体型大小不等，有些种类能发出婉转动听的鸣叫，但有些种类，如乌鸦的鸣叫声则刺耳，有些种类很少或从不鸣啭。

鸣禽的足短而细，三趾向前，另有一趾向后。

秦皇岛市常见的鸣禽有云雀、红嘴蓝鹊、喜鹊、大嘴乌鸦、麻雀、燕雀等。

陆　禽

陆禽类大多数在地面活动、觅食，一般雌、雄鸟羽色有明显的差别，雄鸟羽色更为华丽。生活中比较常见的陆禽包括绿孔雀、家鸡、鸽子、红腹锦鸡、鹌鹑等。

陆禽的喙坚硬且多为弓形，适于啄食；翅短圆退化，不能长距离飞行。

陆禽的后肢强而有力，适于地面行走和刨土。

秦皇岛市常见的陆禽有石鸡、斑翅山鹑、鹌鹑、山斑鸠等。

攀　禽

攀禽类善于在岩壁、石壁、土壁、树上等处攀缘。我们生活中比较常见的啄木鸟、普通翠鸟、大杜鹃、鹦鹉等都属于攀禽。

秦皇岛市常见的攀禽有四声杜鹃、雨燕、棕腹啄木鸟、白背啄木鸟、戴胜等。

攀禽类的喙尖利如凿，善于啄凿。翅膀大多圆形或近圆形，多数种类不善于长距离飞行。

攀禽足大多短趾有力，趾型多为对趾足（如大斑啄木鸟）、异趾足（如红头咬鹃）、并趾足（如普通翠鸟）等。

生态知识窗

第三节　世界鸟类之最

同学们，鸟类世界有无数的奥秘，关于鸟类知识你了解多少？世界上的鸟类之最，你知道有哪些吗？

世界上飞行最远的鸟——北极燕鸥。

世界上体型最大的鸟——非洲鸵鸟。

世界上飞得最高的鸟——黑白兀鹫。

世界上长途飞行最快的鸟——尖尾雨燕。

世界上翼展最长的鸟——漂泊信天翁。

连一连 同学们，请你按照数字的顺序连线，看一看连成的图形是什么？还可以涂上自己喜欢的颜色。

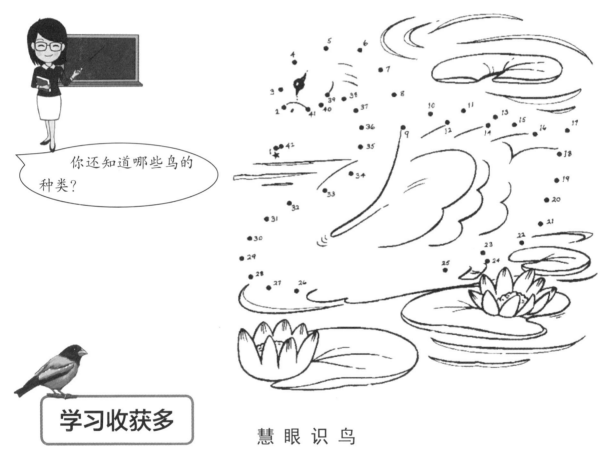

你还知道哪些鸟的种类？

学习收获多

慧眼识鸟

同学们，下面这些图片都是我们在秦皇岛市可以见到的鸟类，你知道它们的名字吗？请写下来。

（　　）

（　　）

（　　）

生态练兵场

秦皇岛鸟类博物馆

秦皇岛鸟类博物馆坐落于北戴河海滨鸽赤路，是国内第一家专业鸟类标本博物馆。在参观鸟类博物馆的过程中，可以了解到鸟的起源与分布、鸟的生活等内容。让我们完成一份调查记录表，记下自己的收获或感受。

参观过鸟类博物馆的同学们，你们是不是已经迫不及待地想去大自然中寻找鸟类了呢？你们觉得观鸟前需要作哪些准备？

观鸟指南

观鸟时间： 一般早晨和黄昏前后最好

观鸟地点： 小区、公园、野外

秦皇岛市野外观鸟的地点有很多，如鸽子窝公园附近的湿地、金屋浴场、海滨国家森林公园等，秦皇岛市的观鸟胜地可不止这些，细心的同学们继续寻找吧！

拓展与链接： 秦皇岛观鸟月历如右图所示。

一月	二月	三月
•留鸟	•豆雁、秃嘴乌鸦、寒鸦	•雁类、鹤类、鸦类
四月	五月	六月
•鸣禽	•游禽、涉禽、攀禽、鸣禽	•夏候鸟
七月	八月	九月
•小型涉禽	•小型涉禽、鸣禽	•游禽、涉禽、攀禽、鸣禽
十月	十一月	十二月
•猛禽	•鹤类	•留鸟

秦皇岛观鸟月历图

环保小贴士

鸟类视觉敏锐，容易被惊扰，观察时应保持安静，不要喧哗。

拍摄鸟类应采用自然光，尽量不使用闪光灯。

在观察过程中，尽量少驱赶鸟类。如果鸟躲起来了，可以在一边静静等待鸟类出来，这样看到的画面最自然，也最清晰。

生态小课堂

第二章　鸟类习性我探究

第一节　为什么鸟筑巢习性不同

不同的鸟筑巢的习性有很大的差异，有的鸟在树上筑巢，有的鸟在芦苇丛中筑巢。除了筑巢的地点不同外，筑巢的材料也不同，有的鸟用草，有的鸟用树枝，有的鸟用泥巴等。为什么鸟筑巢的习性会有如此大的差异呢？这是由它们的生活习性和生存环境决定的。

小创作

制作鸟巢

搭建一个鸟巢可不是一件简单的事情，这需要鸟爸爸鸟妈妈付出许多时间和精力。同时，不同的鸟类构筑鸟巢所用的材料也各有不同，比如树枝、树叶、树皮、羽毛、兽皮以及泥土、石头、纤维等，都可以成为搭建鸟巢的好材料。

请你选择自己喜欢的方式制作"鸟巢"吧！可以选择画画、贴纸、超轻黏土、废旧物品搭建等方式制作哦！

 拓展与交流

同学们，请把你的作品展示出来，说一说你是怎样制作的。

 **生态小课堂**

戴　　胜

同学们在社区或公园里寻鸟的时候，一定发现了这位朋友吧，它有着长长的嘴巴，你可千万不要把它错认为是"啄木鸟"哦，它的名字叫作戴胜，它也是秦皇岛市常见的攀禽鸟类。

它的上半身以金棕色的羽毛为主。

它的最大特点：
头上的冠羽，平时叠在脑后，受到刺激时会张开，像一顶皇冠。

它的后背、翅膀、尾巴，是黑白相间的羽毛。

它的嘴巴又细又长。

生态小调查

我性情活泼又温和，我喜欢自己或和朋友们一起活动。我喜欢在开阔、潮湿的地面上散步。

我有长长的嘴巴，我爱吃虫子，但是我从来不伤害树木，我只在地面找吃的。用我长长的嘴插进土里，翻出昆虫、蚯蚓等，在保护森林和农田方面，我可有着突出的贡献呢！

树洞是我的家，每年5、6月份，我都在树洞中照顾我的孩子。有人说我的家很臭，叫我"臭姑姑"，其实并不是他们想的那样。

我出没在中国的各个地方，对于长江以北的秦皇岛市而言，我是夏候鸟，春暖花开之时，你就会见到我的踪迹。

第二节 影动戏荷塘 积水翻沧海

生态小课堂

我们的家乡秦皇岛市不仅是四季皆宜的旅游名城，其良好的自然条件和得天独厚的地理位置更是营造了适宜鸟类生存、繁衍的空间。北戴河区素有"观鸟的麦加"之称，是世界四大观鸟胜地之一，也是中国野生资源研究开发保护的重要基地。

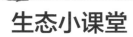

小采访

了解鸟儿是为了更好地保护鸟儿。鸟儿是我们的好朋友，我们都是"地球村"的居民，我们应该关心、爱护它们！

嗨，小明，听说昨天你们在旁边小区见到了一只受伤的鸟？

是啊，它飞不起来了，走路跌跌撞撞，感觉很无助。

那你们怎么办了？

我们怕这只鸟被伤害，就抱回了德育处，拨打了秦皇岛野生动物救助中心的电话0335-7093120，过一会儿，救助中心的工作人员就把这只鸟接走了，听救助中心的叔叔说，这是一只受伤的戴胜。

你们好棒，我们要向你们学习，保护小动物，保护鸟类。

2019 年 9 月 20 日，文化里小学邱子恒等四位同学救助了国家二级保护动物丘鹬

同学们，秦皇岛野生动物救助中心的电话你们记下来了吗？鸟儿救助我参与！

 ## 来体验

和小伙伴们一起去社区、去公园，寻找戴胜的身影，看看它们喜欢在哪里活动，拍下它们的有趣瞬间。

在我们的生活中，经常会看到各种漂亮的、可爱的小鸟，用相机记录它们的生活瞬间，用望远镜观察它们的生活，是不是比把它们养在笼中更好呢？

设计爱鸟标语，号召大家都来保护我们的鸟类朋友吧！

第三章 鸟类启示我探究

生态知识窗

"渡渡鸟"的灭绝

16 世纪后期，带着来复枪和猎犬的欧洲人来到了非洲东南的毛里求斯群岛，不会飞又跑不快的渡渡鸟的厄运降临了。

大量的渡渡鸟被捕杀，就连幼鸟和蛋也未能幸免。

1681 年，最后一只渡渡鸟被残忍地杀害了，从此，地球上再也见不到渡渡鸟了，除非是在博物馆的标本室和图画中。

博物馆里的渡渡鸟标本

毛里求斯岛上的渡渡鸟

奇怪的是，渡渡鸟灭绝后，与渡渡鸟一样是毛里求斯特产的一种珍贵的树木——大颅榄树也渐渐稀少。

研究人员反复研究才发现，原来渡渡鸟喜欢吃这种树木的种子，种子外面的硬壳被消化掉之后，才能够发芽。

飞翔的海鸥

鸟是育雏能手

鸟类是地球生物链中不可缺少的一环，生物链一旦断裂，就会引起地球生态环境的严重失衡，会威胁到所有生物的生存，包括人类。

所以我们要爱护鸟类，保护鸟类，保护所有的野生动物，就是保护生物多样性，也就是保护人类自己。

我们在行动

"我是爱鸟小卫士"

同学们，你一定又收获了不少关于鸟类的知识。鸟类是我们的好朋友，它们与我们的生活息息相关。请用你喜欢的方式，或走进森林生态馆，或走进社区、公园，以"我是爱鸟小卫士"为主题开展爱鸟、护鸟的宣传活动吧！

秦皇岛市文化里小学救助猫头鹰放飞活动

"爱鸟小卫士"宣传讲解

同学们，我们期待所有的鸟类都能愉快地驰骋于陆地，嬉戏于海洋、湖泊，翱翔于天际。然而今天，有些鸟类已永远地离开了我们，那些神奇、美妙的身影如今只能在照片中、图画里看到了。它们的消失，是否在警示着我们，不要再让悲剧重演……

所以我们要发出倡议：鸟类是我们的好朋友，爱鸟、护鸟，从我做起！

请在下面写下我们的宣言：

第四章 飞行精灵我保护

鸟儿是人类的朋友，每天有鸟儿相伴，青山绿水才显得有灵性。天空中有雁群掠过，才更突出蓝天白云相互映衬的美景。

但就是这样可爱的小精灵，每天都面临着来自方方面面的考验，它们的生活处境并不像我们想象的那样乐观。希望通过今天的学习，你能成为它们的保护者，为它们撑起一片可以自由翱翔的蓝天。

白鹭在水边觅食

丹顶鹤在湿地草丛散步

绿头鸭在水中嬉戏

小朋友在广场喂鸽子

秦皇岛市文化里小学"爱鸟天使"活动启动仪式上师生共同放飞和平鸽

通过前面的阅读，你有什么想说给大家听的？

通过学习我才知道，原来我家小区树下找食的鸟儿是戴胜，它头上的冠真的很特别。

原来人们根据鸟儿设计出了飞机啊！

鸽子自身的导航能力真让人折服。

《一个真实的故事》这首歌写了一个大姐姐为救助丹顶鹤而献出了自己生命的故事，听了真让我感动。

丹顶鹤姑娘

生态小故事

歌曲《一个真实的故事》讲了一个女孩，名字叫作徐秀娟，一个为寻找走丢的丹顶鹤而牺牲的姑娘，所以不少人都称徐秀娟为"丹顶鹤姑娘"。

徐秀娟出生于养鹤世家，17岁那年，徐秀娟随父母来到心心念念的扎龙自然保护区，成为"中国第一位养鹤姑娘"。从小就接触到养鹤的知识，这让徐秀娟很快就能单独饲养幼鹤，且成活率达100%。这个数据在当时是不可思议的，因为没有人能做到成活率100%。

盐城国家珍禽自然保护区徐秀娟同志雕像

丹顶鹤是徐秀娟的命，所以她不容许它们受到一点儿伤害。1987年9月15日，陪伴自己的黎明、牧仁（丹顶鹤）意外走失，这让徐秀娟十分担心。在保护区工作人员的寻找下，牧仁很快找到了，可黎明依旧不知所踪。不能丢下黎明，在这天然的保护区，黎明不知道会遇到什么危险，一想到这里，本就患病的徐秀娟更不敢停下一刻。岸边都找过了，但依旧没有找到黎明，可能只有在芦苇深处才能找到黎明了。可芦苇丛没有船、没有桥，只能游过去，她没有多想便游了过去。4个小时后，黎明找到了，徐秀娟却不见了。最终，徐秀娟找到了，却已然溺亡。为了一只受伤的丹顶鹤，徐秀娟溺水身亡，此时她不过23岁。

徐秀娟喂食丹顶鹤

鸟类在世界生态系统的运作中发挥着至关重要的作用，鸟可以控制虫害、给植物传粉、传播种子、清洁大自然、维持生态平衡、保持物种的多样性。由于人类在湿地开垦耕田、工地建设，污染物、废气废水排放，垃圾弥漫，破坏了鸟类赖以生存的环境。还有人类的诱捕、射杀，致使千万鸟类丧失生命。保护濒危鸟类，是全人类共同的责任！

被困网中的鸟儿正用力挣扎

2016年国庆节期间，护鸟志愿者在天津、唐山两地巡查，共发现两大片非法捕鸟区域，累计拆除鸟网2万余米，解救活鸟近3000只，挂网死鸟5000余只

白鹭惨遭捕杀（《宁波晚报》）

生态小课堂   第一节　国际爱鸟日

1902年3月19日《世界保护益鸟公约》发布，公约规定每年的4月1日为"国际爱鸟日"，我们要时刻谨记：爱鸟护鸟光荣，捕鸟食鸟可耻。

中国护鸟法律条文

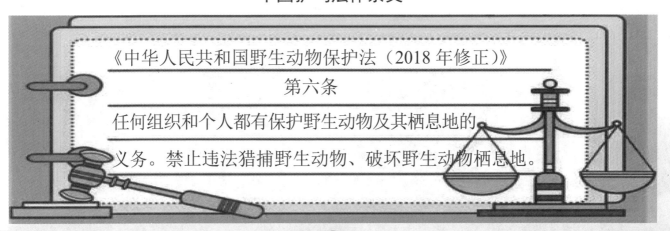

《中华人民共和国野生动物保护法（2018年修正）》

第六条

任何组织和个人都有保护野生动物及其栖息地的义务。禁止违法猎捕野生动物、破坏野生动物栖息地。

《保护鸟类公约》

一、防止野外鸟种灭绝。

二、监测全球鸟类及其重要栖息地之保育状况。

三、评鉴并确保全球性鸟类及重要之生物多样性代表地区之适当保育。

四、提升世人对鸟类及自然环境之重视与关怀。

五、重视鸟类，关注鸟类灭绝。

生态小故事

盗猎 8200 只鸟类，5 人被判赔偿 246 万元
《人民日报》2021-05-01

韦某关等 5 人从广西来到福州闽清，通过捕杀鸟类牟利。4 月 28 日，福州市检察院就本案召开涉及非法狩猎野生动物民事公益诉讼案公开听证会，认为韦某关等 5 名当事人应承担民事侵权责任，赔偿国家野生动物资源损失 246 万元，并公开赔礼道歉。

2018 年 10 月初，韦某关、何某辉、何某原、何某金、何某喜驱车 1300 余千米，从广西一路向东来到了福建省闽清县，在该县塔庄镇林洞村村民家中借住。15 天时间里，5 人在没有狩猎证的情况下，使用尼龙细线捕鸟网、捕鸟发音器以及鸟笼等工具，分组在村子附近的 4 个山场布置了 90 张网实施猎捕，后悄然离开欲将捕杀的鸟类售卖。5 人驾车途经广东被公安机关查获，车内有 8200 只宰杀打包好的疑似麻雀实体，触目惊心。

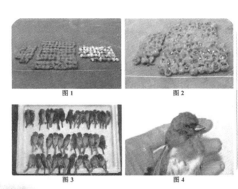

闽清县检察院在审查起诉韦某关、何某原、何某辉等人非法狩猎罪案件中，发现韦某关等5人行为破坏了野生动物资源，损害了国家利益和社会公共利益，依照办理民事公益诉讼管辖相关规定，将该线索移送至福州市检察院。

同时，闽清县检察院针对此案，向相关单位发出检察建议，建议其科学划定禁猎区、科学规定禁猎期。闽清县政府高度重视，于2020年5月22日正式通过《关于规定闽清县陆生野生动物禁猎期、禁猎区的通告》。该通告自2020年5月28日正式发布并生效。

小小记录员

2022年爱鸟周宣传活动的主题是"守护蓝天精灵，共享美好家园"，我们也来为爱鸟周活动设计一个宣传图吧！

当我们在校园漫步，或者在乡间的小路散步时，偶尔会发现从巢里掉下来的雏鸟或者幼鸟，落在地上孤立无援，我们心生怜悯，很想救助这些可能会受到伤害的鸟类。然而鸟类的救助有严格、规范的操作流程，如果操作不当，反而会"好心办坏事"，不仅未能有效救助，反而会对鸟类造成更大的伤害，甚至导致鸟类死亡。那么，我们应该怎么帮助它们呢？

第二节　怎样救助鸟类

生态小课堂

1. 发现一只受伤的鸟，我该怎么办？

对于大多数受伤的鸟类，应将它们轻轻地放在一个盒子里（垫了毛巾的、透气的、带盖子的纸箱），让它们保持安静、黑暗和凉爽。这只鸟可能处于休克状态，但很快就会恢复，所以你可以将它放在盒子里不用管它。如果它受伤很严重，可以拨打12345转接相关部门进行救治。

2. 如果我碰到一只被遗弃的幼鸟该怎么办？

大概率什么都不需要做。一只单独在地上的幼鸟不一定是被遗弃。许多鸟类的幼鸟在它们掌握飞行技能前就全身覆盖羽毛，在羽毛发育完成之前，它们会在地面上待上一两天，最好不要干涉。它们的父母可能就在附近，一旦安全，就会过来喂它们。如果这只鸟处于易受伤害的位置，将它移到安全的地方，但不要太远，因为它的父母可能会找不到它。仔细观察——如果它的父母没有回来，而且小鸟肯定是被遗弃的，请联系当地的兽医或动物救援中心，他们拥有专业的知识，可以帮助你并就生病和受伤的鸟类和动物提供建议。

3. 我应该喂小鸟面包和牛奶吗？

不可以。这些食物不适合幼鸟，它们中的大多数会在早期以软昆虫、蠕虫和蚯蚓为食（白煮蛋去蛋白取蛋黄，加一点点水变成的蛋黄糊只能作应急用，且千万不要喂面包虫）。

4. 触摸小鸟会让父母放弃它吗？

不会，鸟类几乎没有嗅觉，但也请尽量减少接触。用布轻轻盖住鸟，减少应激反应，通常更容易把它捡起来。

生态小故事

文化里小学救助鸟儿在行动

2020年9月15日，文化里小学的骆诗晨、吕元昊、齐家宁、王玲四位同学救助了一只翅膀受伤的鸟。

一天大雨过后，骆诗晨、吕元昊、齐家宁、王玲同学在学校北侧的小桥边玩耍。突然，他们发现水边有一只不会飞的鸟。这四位同学小心翼翼地靠近鸟儿，经过仔细观察发现，原来它的翅膀受伤了，暂时不能飞行。他们急忙将它送到学校。在老师和门卫爷爷的帮助下，鸟儿有了临时的"家"。经过大家的悉心照料，鸟儿的伤很快就恢复了。四位同学将鸟儿放飞，与它挥手告别。

鸟儿是我们人类的好朋友。如果大家遇到受伤的鸟儿，一定要积极帮助它们或拨打救助电话。

手牵手科学爱鸟护鸟，心连心共建生态家园！

秦皇岛野生动物救护中心

地址：秦皇岛市北戴河区滨海大道62号西南方向140米（邮编：066100）

电话：0335-7093120

生态环境遭到污染、破坏，栖息地面积减小，某些物种的灭绝导致了鸟类生活习性的改变，当然还有人类的捕猎。虽然自然选择会产生一定的影响，但是在短期内，大量鸟类的死亡主要是由人类造成的！世界鸟类现状堪忧，千种鸟类濒危。有生物学家将鸟类比喻成"批示器物种"，鸟类状况好坏直接反映出地球环境的好坏。寒冷的冬天里，野生鸟类食物很匮乏，很多可以吃的果实、种子在深秋和初冬就被鸟儿啄食完了。尤其雪后，大雪覆盖了土地，鸟儿要一直饿着肚子等着雪化了才能觅食。很多当年出生的新鸟和体弱的老鸟会冻死、饿死。一对野生鸟一般一年成功繁殖 10 只小鸟。这 10 只小鸟能成功活到第二年繁殖季节的不到四分之一。其中，将近一半的小鸟都是因为在第一年冬天没有足够的过冬食物而死亡。您的一把米就能让它们不再挨饿受冻，不会丢掉性命，迎接生机盎然的春天。每个人都希望生活在鸟语花香的世界里，行动起来吧，小伙伴们！

生态小实验　　自制鸟食投喂器

材料准备：螺丝刀、干净的矿泉水瓶（必须有盖子）、废弃的纸板、塑料绳、剪刀

制作步骤：

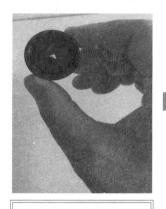

1. 取下盖子，用螺丝刀在盖子中间穿个小洞。

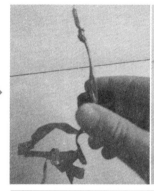

2. 绳子穿过小洞，在里侧打个结实的结。

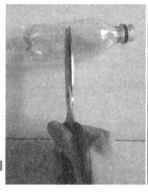

4. 用剪刀将瓶身按照纸板的宽窄剪一个窗口，在正对面也剪一个同样大小的窗口。

3. 将纸板进行三等分，注意宽度不要太大，长度可适当长一些。

5. 将纸板折叠穿过瓶身，按照同样的方法可以再在瓶身上做一个简易食槽。

6. 装上食物，如小米、大米、玉米粒等，一个鸟儿喂食器就做好了。

115

通过前面的阅读，你有什么想说给大家听的？

原来每年的4月1日是"国际爱鸟日"，我们真应该好好保护这些飞行精灵。

国家已经立法了，不能捕杀可爱的小鸟。

我要为小鸟做一个漂亮的喂食器。

鸟儿受伤了，看来我们不能随意救助，最好量力而行，还是找专业人士最靠谱。

我想谈论的话题：